O professor e o aluno com deficiência

EDITORA AFILIADA

Volume 5
Coleção *Educação & Saúde*

Dados Internacionais de Catalogação na Publicação (CIP)
(Câmara Brasileira do Livro, SP, Brasil)

Soares, Maria Aparecida Leite
    O professor e o aluno com deficiência / Maria Aparecida Leite Soares, Maria de Fátima Carvalho. — São Paulo : Cortez, 2012. — (Coleção educação & saúde ; v. 5)

ISBN 978-85-249-1913-8

1. Deficiência intelectual 2. Deficientes - Educação 3. Diferenças individuais 4. Educação inclusiva 5. Inclusão social 6. Interação professor-alunos 7. Professores - Formação I. Carvalho, Maria de Fátima. II. Título. III. Série.

12-05200   CDD-371.9

Índices para catálogo sistemático:
1. Pessoas com necessidades especiais : Educação inclusiva   371.9

Maria Aparecida Leite Soares
Maria de Fátima Carvalho

O *professor e o aluno com deficiência*

1ª edição
1ª reimpressão

O PROFESSOR E O ALUNO COM DEFICIÊNCIA
Maria Aparecida Leite Soares • Maria de Fátima Carvalho

Capa: aeroestúdio
Revisão: Maria de Lourdes de Almeida
Preparação de originais: Marta de Almeida de Sá
Composição: Linea Editora Ltda.
Coordenação editorial: Danilo A. Q. Morales

Nenhuma parte desta obra pode ser reproduzida ou duplicada sem autorização expressa das autoras e do editor.

© 2012 by Autoras

Direitos para esta edição
CORTEZ EDITORA
Rua Monte Alegre, 1074 – Perdizes
05014-001 – São Paulo – SP
Tel.: (11) 3864-0111   Fax: (11) 3864-4290
e-mail: cortez@cortezeditora.com.br
www.cortezeditora.com.br

Impresso na Índia — janeiro de 2015

Sumário

Apresentação da Coleção 7

Introdução 9

Primeira Parte

1. **A formação e atuação do professor especializado:** Aspectos históricos e políticos 15

   As políticas de formação de professores para a educação especial em âmbito nacional: primeiras iniciativas 23

   As políticas de formação de professores após a abertura política 32

   As políticas de formação de professores para a educação especial na atualidade 38

   As recomendações oficiais para o Atendimento Educacional Especializado (AEE) 44

Segunda Parte

2. A educação inclusiva, o professor e o aluno com deficiência: construções sociais 67

Educação inclusiva como construção social 68

A formação de professores para o atendimento
ao aluno com deficiência na escola regular 78

A escola pública e a educação inclusiva 84

O problema não é nosso? A questão é política? 90

Modos de conceber/fazer o aluno: a conceituação
de deficiência no discurso oficial 99

3. A história de Beth e Alice: quando a presença
de alunos com deficiência na escola é um desafio 103

O professor e o aluno com deficiência na escola:
a história de Beth e Alice 111

Uma história de aprendizagem e desenvolvimento 116

A formação do professor nesta história e na "história" 121

A linguagem: atividade mediadora, constitutiva
dos sujeitos 126

Leituras fundamentais sobre o tema 133

Referências bibliográficas 135

Apresentação da Coleção

A Coleção Educação e Saúde tem por objetivo estabelecer diálogo entre pesquisadores do Programa de Pós-Graduação Educação e Saúde na Infância e na Adolescência, da Universidade Federal de São Paulo, e educadores e professores que atuam com crianças e adolescentes no âmbito da educação básica.

O conjunto de títulos que o leitor encontra nesta Coleção reúne investigadores cujas pesquisas e publicações abrangem de forma variada os temas infância e adolescência e que trazem, portanto, experiência acadêmica relacionada a questões que tocam direta e indiretamente o cotidiano das instituições educacionais, escolares e não escolares.

O diálogo entre os campos da Educação e Saúde tornou-se necessário à medida que os desafios educacionais presentes têm exigido cada vez mais o recurso da abordagem interdisciplinar, abordagem essa necessária para oferecer alternativas às tendências que segregam os chamados problemas de aprendizagem em explicações monolíticas.

A educação dos educadores exige esforços integradores e complementares para que a integridade física, social, emocional e intelectual de crianças e adolescentes com os quais lidamos diariamente não permaneça sendo abordada com reducionismos. Percebemos com frequência a circulação de diagnósticos que reduzem os chamados problemas educacionais a um processo de escolha única, sem alternativas integradoras.

Em relação aos chamados problemas educacionais, na maioria das vezes as opções formativas ou são devedoras de argumentos clínicos ou são devedoras de argumentos socioeconômicos, mas predominantemente esses universos são apresentados como realidades que não devem se comunicar, tornando a opção por um a imediata exclusão do outro.

As desvantagens pessoais e sociais de crianças e adolescentes estão diariamente desafiando professores e educadores em geral. Abordar de forma objetiva e integrada o complexo tema dos chamados problemas físicos, emocionais, intelectuais e sociais que manifestamente interferem na vida escolar de crianças e adolescentes é o desafio desta Coleção.

Esse desafio nos levou a trazer para a Coleção um repertório de temas que contempla os problemas sociais de alunos pobres; os chamados déficits de atenção; as várias formas de fracasso escolar; as deficiências em suas muitas faces; as marcas do corpo; a sexualidade; a diversidade sexual; a interação entre escola e família; a situação dos alunos gravemente enfermos; as muitas formas de violência contra a criança e entre crianças; os dramas da drogadição; os desafios da aquisição de linguagem; as questões ambientais e vários outros temas conexos que foram especialmente mobilizados para este projeto editorial.

A mobilização desses temas não foi aleatória. Resultou do processo de interação que o Programa tem mantido com as redes públicas de ensino de São Paulo. E tem sido justamente essa experiência a grande fiadora da certeza de que os problemas educacionais de crianças e adolescentes não são exclusivamente clínicos, nem exclusivamente sociais. Pensemos nisso.

Por isso, apresentamos a Coleção Educação e Saúde como quem responde a uma demanda muito consistente, que nos convida a compartilhar estudos sobre a infância com base naquilo que de mais rico a interdisciplinaridade tem a oferecer.

MARCOS CEZAR DE FREITAS
Coordenador da Coleção

Introdução

O título deste livro (e desta coleção) remete ao estado de permanente aprendizado em que se encontra o educador diante de seus alunos. Àquele que — ocupando-se de, convivendo, lidando — aprende a trabalhar, a ser educador de crianças, jovens, mulheres e homens adultos e, entre esses, nos mais diversos níveis e nas mais variadas modalidades de ensino, também com aqueles que têm seu desenvolvimento relacionado a alguma forma de deficiência.

As autoras deste livro são professoras, docentes do Programa de Pós-Graduação em Educação e Saúde na Infância e na Adolescência da Universidade Federal de São Paulo, a Unifesp. Ambas têm como marco definidor de sua formação o fato de terem trabalhado como professoras de crianças e jovens com deficiência, uma no ensino especial e em clínica, realizando trabalho de apoio pedagógico com alunos surdos inseridos no ensino regular (a professora Maria Aparecida Leite Soares), e outra na escola comum e especial, com alunos que têm deficiência intelectual (a professora Maria de Fátima Carvalho), tendo vivido de forma pessoal e coletivamente as questões, as dúvidas, os aprendizados e as conquistas relacionadas a essas experiências.

Atualmente, no exercício da docência em sua relação com as atividades de extensão e pesquisa, optam por manter o vínculo com a escola, buscando — na relação com a escola pública — contribuir para os processos educativos, trabalhando com e para a formação atual e continuada de educadores, em prol da educação escolar e do desenvolvimento de alunos com deficiência.

Nessa relação com a escola, com seus alunos e os educadores, as autoras, num contínuo e permanente aprendizado, constatam as mudanças que concernem à educação escolar de pessoas com deficiências e convivem com o impacto de políticas e práticas de inclusão escolar sobre o sistema educacional comum e especial. Principalmente, ocupam-se (pesquisam, fazem intervenção via extensão etc.) com aqueles que o protagonizam: os professores e os alunos com deficiências. Esse impacto dimensiona-se não apenas na forte impressão suscitada pela presença desses alunos, mas também pelo fato de o trabalho escolar com eles ser frequentemente referido, narrado, vivido como um problema, no sentido de impasse, de falta de solução e não de desafio, de possível fonte de aprendizados.

É buscando trabalhar com a ideia de desafio que este livro se organiza, dirigindo-se aos educadores e às educadoras que, na "lida" diária, persistem se fazendo perguntas, se propondo a aprender, resistindo à acomodação e desconfiando das respostas fáceis, encarando os permanentes desafios, àqueles que no convívio com os educandos com deficiências se flagram lidando com a falta (ou com a suposição dela) de toda ordem de recursos, inclusive os pessoais, subjetivos e de formação, àqueles que se perguntam sobre a capacidade de ação, de aprendizagem e transformação/desenvolvimento, a própria e a dos alunos, aos que convivem com condições diversas e adversas — as quais, muitas vezes, concorrem para a incerteza e o desânimo, mas também para a superação, para a busca de soluções, de novas possibilidades de aprendizagem.

Falar sobre "professores diante de alunos com deficiência" é falar de relações de ensino e aprendizagem, de modos de participação nessas relações, de posições socialmente construídas no movimento histórico da educação brasileira e, em seu bojo, da educação definida como especial e, atualmente, mais especificamente, sobre a realização dessa educação numa perspectiva inclusiva. Trata-se, então, de um tema importante e polêmico que envolve a dimensão da desigualdade social, da exclusão dos indivíduos dos mais diversos bens sociais, principalmente da educação.

Os textos que compõem cada parte do livro (e seus capítulos) recuperam e revisam reflexões elaboradas pelas autoras em artigos produzidos por cada uma, em diferentes momentos de atuação frente ao tema. Foram escritos com o intuito de compartilhar estudos, experiências e conhecimentos resultantes de formulações oficiais e pesquisas a fim de discutir o que se caracteriza como emblemático na relação educação-escola/aluno com deficiência, relação que atualmente se expressa no encontro da escola comum com esses alunos, no processo de implementação de uma educação definida oficialmente como especial sob uma perspectiva inclusiva.

PRIMEIRA PARTE

1
A formação e atuação do professor especializado:
aspectos históricos e políticos

A educação de alunos com deficiência tem sido objeto de preocupação desde os primórdios da escola moderna no século XVI, como se pode verificar pelos escritos de Quirós e Gueler (1966), Jannuzzi (1985 e 2006) e Bueno (1993).

Nesse aspecto, verifica-se que os primeiros educadores de crianças com deficiência — particularmente as crianças surdas, que parecem ter sido as primeiras sobre as quais se verificou a possibilidade de aprendizagem — não eram responsáveis apenas por elas, mas também pela educação de seus irmãos não deficientes. Tanto é assim que Quirós e Gueler (1966, p. 245) relatam que, no século XVII, Ramirez de Carrión, além de ter sido preceptor do filho surdo do Marquês de Priego, cuidou também da educação de seu filho ouvinte.

Entretanto, assim como no ensino regular, foi com a Revolução Francesa que a escolarização dessas pessoas passou a ser gerida pelo Estado, com a criação dos primeiros institutos nacionais especializados em Paris: o Instituto Nacional dos Surdos-Mudos e o Instituto para os Cegos de Nascimento.

Embora essas instituições tivessem em comum com os hospícios a criação de espaços segregados, duas características as distinguiam desses últimos: a perspectiva de recuperação e de aprendizagem[1] e a condição de que nem todos os seus alunos fossem obrigados a permanecer em regime de internato (cf. Bueno, 2006, p. 170).

Por outro lado, a ambiguidade entre a correção das dificuldades geradas pelas distintas deficiências e a aprendizagem escolar também esteve presente desde o surgimento dessas instituições e permanece até hoje.

Isto é, o conceito "educação especial" tem sido utilizado de forma abrangente, reunindo processos de reabilitação e de escolarização, com predominância dos primeiros. Entretanto, se é verdade que a minimização das dificuldades intrínsecas de alunos com deficiência é condição para a melhor aprendizagem escolar, por outro lado, ela não é suficiente.

Assim, se o Braille tornou-se a forma hegemônica de superação da deficiência visual em relação ao acesso à linguagem escrita, o seu domínio não garante o aprendizado escolar, na medida em que esse exige um conjunto de dispositivos para qualquer aluno, ou seja, a aprendizagem escolar depende de processos pedagógicos específicos para o acesso aos conteúdos historicamente valorizados, bem como de adaptações curriculares específicas para superação das limitações da ausência de visão.

Essa ambiguidade entre reabilitação e escolarização pode explicar a razão do interesse da medicina em relação à educação especial, com os médicos assumindo posição de destaque, desde

---

1. Foucault (1978, p. 78) afirma que, com a criação dos hospícios na Europa, no século XVI, a loucura foi arrancada da sua liberdade e recolhida sob os seus muros.

O PROFESSOR E O ALUNO COM DEFICIÊNCIA

o início dessas instituições, como se pode verificar pelo exemplo de Seguin, no campo da deficiência mental, que foi o primeiro a tomar a iniciativa de criar, no espaço segregado do hospício, um pavilhão próprio para crianças.

Entretanto, no caso das deficiências visual e auditiva, no período anterior ao surgimento dos institutos especializados, tanto médicos quanto não médicos assumiram posição de destaque no campo específico da educação especial. Assim, com relação à deficiência auditiva, destacaram-se figuras tanto do campo da medicina, como Cardano, Besold e Itard, quanto de outras áreas sociais, como Bonet, Pereira e L'Epée (cf. Soares, 1999). Já no campo da deficiência visual, a presença de não médicos foi ainda mais marcante, desde Haüy, criador do primeiro instituto especializado para crianças cegas, até Louis Braille, aluno desse mesmo instituto e criador do sistema de substituição da escrita que se tornaria universal (cf. Bueno, 1993).

O predomínio da perspectiva reabilitacional, ou seja, da criação de dispositivos, processos e procedimentos que visavam à superação das dificuldades geradas pelas deficiências em detrimento da aprendizagem escolar, portanto, tem percorrido toda a história da educação especial.

Assim é que, no campo da deficiência visual, por exemplo, a escola de cegos criada por Haüy, em 1784 — que, além do ensino da escrita por meio de letras em relevo, continha em seu currículo disciplinas como aritmética, geografia e música —, exatamente dez anos depois se tornou escola industrial e asilo combinados (cf. French, 1932, p. 92), ou seja, passou da condição de espaço escolar para oficina abrigada.

Além disso, a grande polêmica que se criou em torno da educação desses deficientes foi a dos processos substitutivos da letra impressa, passando desde as letras de relevo criadas por Haüy até o sistema de pontos criado por Louis Braille, adotado como sistema oficial pelo Instituto de Paris em 1854. Isto é, foram setenta anos de disputa em torno da minimização dos efeitos da cegueira em relação à letra impressa, mas praticamente não houve nenhum debate sobre a transformação da escola em oficina de trabalho.

Da mesma forma, a grande polêmica que percorreu e ainda percorre a educação das crianças surdas refere-se à possibilidade de acesso à língua oral ou ao reconhecimento das línguas gestuais criadas por aqueles que viviam segregados.

Durante praticamente todo o século XVIII e o XIX, essa foi a grande polêmica, inicialmente entre Pereira (oralista) e L'Epée (gestualista), culminando com o Congresso Internacional de Milão, em 1880, com a vitória da abordagem oralista, como recomendação oficial, mas que não deu fim à polêmica, que ressurgiu nos anos 1970, nos Estados Unidos, com o reconhecimento da American Sign Language (ASL), e que se disseminou por todo o mundo como modalidade própria das comunidades surdas.

Entretanto, a polêmica sobre o tipo de escolarização não teve a mesma força e somente após a Segunda Guerra mundial é que a crítica às escolas especiais começou a tomar corpo, mesmo quando verificada a falta de qualidade da educação nelas encontrada, como ocorreu no Brasil com o Instituto Nacional de Educação de Surdos (INES) no início da República, nos anos 1950, sob a direção de Ana Rímoli de Faria Dória, e atualmente, com a adoção da Língua Brasileira de Sinais. Todas essas crises foram motivadas pela constatação de que os processos educativos adotados não resultavam em aprendizagem qualificada dos alunos e que redundaram nas críticas sobre as formas pelas quais a falta de audição poderia ser compensada, mas jamais sobre os processos educativos adotados sob esta ou aquela modalidade linguística.

Mesmo quando incluídos nas preocupações sobre a qualidade do trabalho educativo adotado, os argumentos utiliza-

O PROFESSOR E O ALUNO COM DEFICIÊNCIA 19

dos mostram uma diferenciação entre aprender o conteúdo escolar por ouvintes e por alunos surdos. Se a escrita, desde sempre, significou a possibilidade de registro que permitia a superação do caráter efêmero da linguagem oral, assumindo, na sociedade moderna, a forma hegemônica de registro e disseminação da cultura acumulada, no caso da educação dos surdos ela tem servido para sua substituição nas comunicações interpessoais.

Tanto é assim que, em 1884, o doutor Menezes Vieira[2] questionava a vantagem de se restituir "a uma sociedade de *analphabetos* alguns surdos-mudos sabendo *lêr* e escrever" (Soares, 2006, p. 43), porque na sociedade onde viviam eram raros os alfabetizados.

Mais de cinquenta anos depois, nas décadas de 1950/1960, integrando o movimento nacional de campanhas educativas, como a Campanha de Alfabetização de Adultos e Adolescentes, ao contrário dessa, cuja finalidade maior era combater a marginalidade por meio do acesso à língua escrita, a Campanha de Educação do Surdo Brasileiro tinha como objetivo maior ensinar o surdo a falar.

Na atualidade, em que a perspectiva de acesso à língua de sinais torna-se hegemônica, a tônica permanece a mesma, ou seja, muito se discute e se pesquisa sobre a aprendizagem da língua de sinais, mas são pouquíssimos os estudos sobre o ensino da Língua Portuguesa, inclusive da escrita.

Ou seja, se no passado a expectativa era a de que, com o domínio da linguagem oral, o aluno surdo estaria apto a aprender a língua escrita, nos dias de hoje afirma-se que o problema na aprendizagem escolar do aluno surdo tem como núcleo

---

2. Segundo Soares (2006), não foi possível colher mais informações sobre esse personagem além do fato de ter sido parecerista no Congresso de Instrucção Pública do Rio de Janeiro e, segundo ele próprio, aluno do doutor Tobias Leite, que dirigiu o Instituto Nacional dos Surdos-Mudos de 1868 a 1896.

central a ausência de uma língua comum entre professor (que usa a língua oral) e o aluno surdo (que se comunica por meio de sinais).

São raríssimos os trabalhos que relacionam as dificuldades de aprendizagem escolar desses alunos com aquelas que acometem boa parte do alunado não surdo, ou seja, aqueles em cujas escolas a linguagem de professores e alunos é comum (oral), mas nem por isso os níveis de aprendizagem são satisfatórios, como mostram os dados do Indicador de Analfabetismo Funcional — INAF (Instituto Paulo Montenegro/Ação Educativa, 2005, p. 11): 42% das pessoas que frequentaram a escola básica entre quatro e sete anos conseguiram atingir apenas o Nível de Alfabetização Básico.[3]

Assim, o que se verifica é que, desde o início da escolarização moderna, o papel do professor especializado tem se confundido com o do reabilitador, mesmo após a criação e disseminação de serviços de saúde específicos para crianças com deficiência.

A visão da necessidade de atendimento especializado não acomete somente esses alunos, mas se estende a todos eles, mesmo quando não apresentam qualquer dificuldade. Silva (2004), por exemplo, verificou em sua pesquisa que, apesar de os alunos cegos pesquisados apresentarem rendimento escolar satisfatório em escola pública de ensino médio, seus professores consideravam que eles seriam mais bem atendidos se fossem inseridos em instituições especializadas.

Da mesma forma, investigações sobre a escolarização de alunos com deficiência intelectual mostram a grande dificuldade que os profissionais da educação demonstram em lidar com as diferenças em sala de aula.

---

3. Segundo o INAF, as pessoas com Nível de Alfabetização Básico conseguem "ler um texto curto, localizando uma informação explícita ou que exija uma pequena inferência" (Instituto Paulo Montenegro/Ação Educativa, 2005, p. 6).

O PROFESSOR E O ALUNO COM DEFICIÊNCIA 21

Mendes (2008, p. 145-146), por exemplo, comprova que, em

> prática curricular guiada por princípios homogeneizadores, há uma
> concepção intrínseca de que o processo de aprendizagem é igual e
> ocorre da mesma forma para todos os sujeitos.
> [...]
> o princípio da homogeneização faz constituir práticas de ensino
> centradas no coletivo: um único modelo válido de ensino, um padrão
> de tarefas a serem solicitadas, um modelo invariante de sequências
> didáticas.

Ora, se a prática está sempre centrada no coletivo, as diferenças, para a autora, surgem como fatores dificultadores para o andamento dos trabalhos e, assim, tanto aqueles alunos que revelam capacidade superior do aprendiz quanto os que expressam dificuldades atrapalham a organização do trabalho didático. Assim, por meio de depoimentos das professoras, Mendes (2008, p. 147-148) organiza uma classificação das diferenças negativas por elas identificadas em três grupos:

> diferenças na forma de lidar com o conhecimento escolar: seriam
> aquelas diferenças apontadas pelos professores como "dificuldades
> de aprendizagem". Revelava-se nas dificuldades dos alunos durante
> a alfabetização, com a matemática, com a leitura e a interpretação
> de texto, como também em suas capacidades de ir além daquilo
> proposto pelo professor;
> diferenças na adaptação ao tempo e ao espaço da sala de aula e da
> escola: decorrem da dificuldade, presente em algumas crianças, de
> compreender o que se espera delas e por isso comportarem-se ina-
> dequadamente no espaço escolar;
> diferenças oriundas de deficiências legitimadas: são aquelas deficiências
> evidentes e visivelmente identificadas ou diagnosticadas como tais.

Uma consequência fundamental que a autora retira de seus achados é a dissociação entre o processo de ensino e a aprendizagem. Ela verifica que as diferenças indicadas eram "diferenças dos alunos", pois em nenhum momento serviram para rever ou orientar os procedimentos de ensino, ou seja, "quando precisam orientar suas escolhas didáticas centram-se no ensino, quando precisam identificar as dificuldades do processo centram-se na aprendizagem" (Mendes, 2008, p. 148).

As decorrências dessa perspectiva são impressionantes: de 208 alunos matriculados na 1ª série, 98 frequentavam o reforço escolar, e dos 116 alunos que frequentavam as quatro primeiras séries selecionadas para a pesquisa, 38 foram reprovados no final do ano.

Sob o mesmo diapasão, Silva (2008), em sua pesquisa, apresenta um achado interessante e paradoxal entre as atividades em sala de aula e na sala de recursos para alunos com deficiência intelectual.

Embora as duas estivessem *aprisionadas* ao ensino da língua portuguesa escrita, na sala de aula, a preocupação com a linguagem escrita era expressa pelo tempo a ela destinado (70% do horário das aulas), pois, embora nos restantes 30% essa preocupação se mantivesse, se expressava no desenvolvimento dos conteúdos das demais disciplinas (matemática, história, geografia e ciências).

Em compensação, na sala de reforço, embora houvesse maior espaço para a interação verbal, as atividades ficavam centradas única e exclusivamente no aprendizado da língua escrita, sem qualquer preocupação com os demais componentes curriculares, o que, para ela, "evidencia o conflito entre a cultura da deficiência e a universalidade da forma escolar" (Silva, 2008, p. 97).

Enfim, se o trabalho de Mendes (2008) mostra a visão dicotômica entre os processos de ensino e de aprendizagem, o de Silva (2008) expressa uma dicotomia entre o trabalho docente realizado na sala de aula e a atuação do especialista, assim como a distância entre a expectativa da escola e da educação especial, mesmo no caso da deficiência intelectual em que não há um prejuízo específico, como são os casos de deficiência visual e auditiva.

As políticas de formação de professores para a educação especial em âmbito nacional: primeiras iniciativas

A formação do professor de educação especial no Brasil tem sido objeto de preocupação dos governantes e gestores, bem como de estudos e pesquisas, desde, pelo menos, a década de 1950.

Data do início dos anos de 1950 a iniciativa da professora Ana Rímoli de Faria Dória, como diretora do Instituto Nacional de Surdos-Mudos, na implementação do Curso Normal Superior de Formação de Professores para Surdos, previsto no Regimento do Instituto aprovado em 1949, cuja primeira turma, composta de 52 alunos, graduou-se em 1954.

Mas mesmo antes disso o Instituto dedicava-se à formação de professores especializados, pois no relatório da referida professora, datado de 1956, ela informava que, naquele ano, o país contava com 348 professores especializados (cf. Soares, 2006, p. 70 e 90).

A ênfase da professora em destacar a formação proporcionada pelo novo curso estava relacionada diretamente à nova filosofia de desenvolvimento da comunicação por ela implantada, a do método oral, que dava a tônica dessa formação docente, centrada fundamentalmente no desenvolvimento da fala.

Sendo assim, tanto em termos de bibliografia por ela produzida ou traduzida quanto das orientações norteadoras do curso, toda ênfase voltava-se a aspectos específicos para o desenvolvimento da audição, da fala e da linguagem: exercício de respiração, treinamento auditivo, entre outros. As condições para exercício da função docente especializada de em alunos surdos por ela elaboradas é a comprovação cabal desta ênfase:

a) bom ouvido fonético;
b) conhecer e compreender as leis físico-fisiológicas que governam a graduação de voz;

c) possuir experiência prática que assegure o sucesso da técnica. (Dória, 1959, p. 49)

Como se pode notar, duas eram as características principais da formação pretendida: a primeira, de restrição aos aspectos reabilitacionais e não de conteúdo escolar, e a segunda, de foco exclusivamente no aluno deficiente e não nos processos de ensino, mesmo que fossem somente relacionados ao desenvolvimento da linguagem oral. Em outras palavras, para inserção social e escolar qualificada, o aluno surdo deveria desenvolver a linguagem oral, que exigia determinados conhecimentos técnicos por parte do professor especializado, mas cuja abordagem não estava em discussão: utilizava-se o conjunto de técnicas indicado, e dessa forma os alunos surdos fatalmente adquiriam a linguagem oral.

Verifica-se no âmbito da educação dos surdos o mesmo fenômeno apontado por Mendes (2008), em relação à escolarização do deficiente mental: as recomendações no que se refere aos aspectos de metodologia de ensino não são colocados em questão, pois se for adotada a abordagem recomendada e o aluno não aprender, o problema se situa nele, e não no método.

Apesar de iniciativas isoladas, como as da professora Ana Rímoli de Faria Dória, nos anos 1950, no Instituto Nacional de Educação de Surdos (INES), foi a partir da criação, em 1974, do Centro Nacional de Educação Especial (Cenesp), órgão vinculado ao Ministério da Educação, que a preocupação com a formação de professores de educação especial se configurou em nível nacional.

No documento que estabeleceu as suas diretrizes gerais (Brasil. MEC, Cenesp, 2004), a avaliação da situação da educação especial constatava a falta de entrosamento entre os entes federados; a falta de critérios para financiamento e avaliação de seu uso; a absoluta falta de dados sobre a quantidade de alunos

O PROFESSOR E O ALUNO COM DEFICIÊNCIA 25

com deficiência; a distribuição das distintas deficiências entre o alunado da educação especial, o número de professores e técnicos especializados, a distribuição dos tipos de estabelecimentos existentes.

Com base nesse diagnóstico, foi instituído o Projeto Prioritário n. 35 — Educação Especial —, integrante do Plano Setorial de Educação e Cultura 1972/1974, sendo que um de seus objetivos principais era o de "promover, em caráter prioritário, a formação de recursos humanos para a educação especial" (Brasil. MEC, Cenesp, 2004, p. 16).

Em decorrência desse objetivo, em 1975, dentro do Plano Nacional de Educação Especial elaborado por esse órgão, uma das áreas de ação privilegiadas foi a de "Capacitação de Recursos Humanos para a Educação Especial", que expressava a resposta à necessidade de formação de professores, tanto especializados quanto do ensino regular, já que incluía em suas metas a criação de "40 cursos de licenciatura para educação especial, em estabelecimentos de ensino superior" e a "atualização de 9.244 professores de sala comuns" (Brasil. MEC, Cenesp, 1975, p. 12).

De outro lado, expressa também a ambiguidade, tanto no âmbito de atuação do próprio órgão quanto na caracterização da formação necessária de professores de educação especial, na medida em que não distinguiu a formação docente da do especialista, quando genericamente definiu como uma de suas metas o "aperfeiçoamento de 3.220 especialistas e docentes" (Brasil. MEC, Cenesp, 1975, p. 14).

Isso fica ainda mais evidente na avaliação feita sobre as ações realizadas por esse órgão no *Plano Nacional de Educação Especial 1977/1979*, na medida em que afirma que, nos dois anos do plano anterior, as metas foram superadas, com o treinamento de 14.020 docentes e técnicos, no entanto, sem fazer qualquer distinção entre a formação docente e a do especialista (Brasil. MEC, Cenesp, 1977).

Com base nesses planos, e com amplo financiamento do órgão, disseminaram-se pelo país cursos de aperfeiçoamento (180 horas) e de especialização (360 horas), voltados tanto para docentes quanto para especialistas (psicólogos, assistentes sociais, fonoaudiólogos etc.).

Enfim, a formação docente com base nas especificidades das diferentes deficiências e a indistinção entre o trabalho de reabilitação e o docente parecem ter sido a tônica desses planos.

Por outro lado, tal como constata Mazzotta (1982, p. 67), dos 40 cursos de licenciatura em educação especial previstos pelo Plano de 1975, em 1980, apenas 16 estavam em funcionamento, concentrados no eixo sudeste-sul, o que mostra que a precariedade de formação do professor especializado permanecia.

Em 1976, o Cenesp divulgou o *Projeto de capacitação de recursos humanos para a educação especial*, integrante do *Projeto Prioritário do Plano Setorial de Educação e Cultura 1975/1979*, que, segundo o órgão, representava "o início de uma atuação sistemática do Cenesp no campo do treinamento de pessoal docente e técnico, em diferentes níveis, para o atendimento às várias categorias de excepcionais" (Brasil. MEC, Cenesp, 1976a, p. 11).

Apesar de afirmar que a política adotada favoreceria a integração dos alunos com deficiências físicas ou mentais, bem como os superdotados no sistema regular de ensino, verifica-se, no Quadro Geral de Metas (Brasil. MEC, Cenesp, 1976a, p. 13), que, enquanto se previa a formação, em quatro anos, de 11.500 professores especializados, a previsão para atualização de professores da classe comum era de 6.500 docentes.

Ou seja, apesar da proclamada ênfase na integração no ensino regular, o número mais elevado de formação de professores especializados em relação à atualização dos professores do ensino regular expressa a perspectiva de manutenção de sistemas segregados de ensino.

Essa ambiguidade fica ainda mais evidente se levarmos em consideração que os serviços de apoio ao ensino regular se efetivavam, basicamente, por meio de salas de recursos e ensino itinerante (nos quais um professor especializado tem condições de atender alunos de mais de uma classe, ou mesmo de uma escola), e consequentemente a demanda desses profissionais deveria ser mais baixa do que a de professores do ensino regular a se beneficiarem dos cursos de atualização.

Além disso, o projeto previa a implementação de currículos para formação de pessoal docente especializado, bem como a revisão dos currículos dos cursos de magistério, em nível de 2º grau, com o "objetivo de incluir cadeiras básicas da área de educação especial, para que" [os professores] "tenham condições de identificar a existência de excepcionalidade em seus alunos e possam atender, com apoio técnico, aos que frequentam a sua classe" (Brasil. MEC, Cenesp, 1976a, p. 25).

Com relação à formação de pessoal docente especializado, a meta almejada foi extremamente tímida, de implementação de oito cursos de licenciatura por ano, totalizando 40 cursos no período, enquanto as denominadas formas alternativas (especialização, aperfeiçoamento e atualização) foram as privilegiadas, com a previsão de abranger 11.500 docentes.

Essa situação parece refletir, no âmbito da educação especial, o que Carvalho (2004) denominou como marca da eterna transitoriedade nas políticas de formação docente de nosso País: desde a década de 1930, alardeava-se que o ideal seria que essa formação se efetivasse em cursos regulares de ensino superior, mas que as condições do País não permitiam, razão pela qual, durante todo o século XX, essa formação se deu, prioritariamente, no nível de ensino médio.

Aqui parece ocorrer o mesmo fenômeno. A formação em cursos de licenciatura seria o ideal, mas, reconhecendo implicitamente que não havia condições para tanto, privilegiou-se cursos de curta duração, que variavam entre 40 e 360 horas, a maioria deles com número reduzidíssimo de duração para que pudesse oferecer formação mais sólida.

A crítica que Carvalho (2004) efetuou sobre a "falta de condições" também aqui se encaixa: na medida em que as propostas governamentais partem do princípio da falta de condições, expressam uma perspectiva falsa sobre os fatores que nela interferem, praticamente se eximindo do papel que teriam na criação dessas condições. Em seu trabalho, mostra que, na unidade da federação investigada, a decisão governamental de elevar toda e qualquer formação docente, inclusive a das séries iniciais, se deu ao final da década de 1980, muito antes da promulgação da nova LDBEN e se antecipando aos Estados desenvolvidos do sul e do sudeste, o que comprova a sua tese de que condições para a elevação necessitam ser criadas, especialmente pelas políticas educacionais.

Paralelamente a essas iniciativas, o Cenesp implementou o Projeto "Reformulação de Currículos para Educação Especial", destinado à orientação do trabalho pedagógico específico para as deficiências intelectual, visual, auditiva e para os superdotados.[4]

Todas as três propostas voltadas aos alunos com deficiência, embora enfatizem, em seus princípios, a perspectiva de integração desses alunos no ensino regular, quando especificam as formas de organização, deixam evidente que se referem a sistemas segregados de ensino.

A *Proposta curricular para deficientes mentais educáveis*, elaborada pela Universidade do Estado do Rio de Janeiro, no próprio título definia a população para a qual a proposta se voltava, os alunos "educáveis", assim caracterizados pelo nível de inteligência (entre 50 e 90 de QI), que, para a equipe elaboradora, era o principal indicador das possibilidades de aprendizagem:

---

4. Denominação utilizada, na época, para designar os alunos com altas habilidades.

Sabe-se, por experiências já realizadas, que, do ponto de vista da escolaridade, o retardado mental educável propriamente dito (QI entre 50 e 75) poderá alcançar até a 6ª série do nível fundamental, podendo os lentos (QI entre 75 e 90), desde que devidamente assessorados, concluir o 1º grau e quiçá seguir sua escolarização em termos profissionalizantes, principalmente. (Brasil. MEC, Cenesp, 1979)

Assim, as crianças e os jovens com QI abaixo de 50 não poderiam, segundo o documento, usufruir de processos formais de escolarização.

Nesse sentido, com base em Kirk (1972), sugeriam que o sistema de atendimento escolar especializado fosse graduado do mais "integrado" ao mais segregado: sala de recursos e professor itinerante para apoio ao aluno que frequentava a classe regular; classe especial dentro de escola regular, para que em atividades extraclasse os alunos com deficiência pudessem conviver com seus pares sem deficiência; e, por fim, as instituições especializadas, voltadas ao atendimento dos alunos que não pudessem usufruir dos processos anteriores.

No caso da aplicabilidade da proposta curricular que apresentavam, o documento é explícito em considerar que ela foi elaborada visando a sua incorporação por classes especiais anexas a escolas regulares, pois "permitiria ajustar o programa de ensino ao ritmo mais lento da criança", o que superaria as desvantagens da separação entre deficientes e normais.

A proposta curricular em si foi organizada em quatro temas integradores, que se desdobravam em objetivos integradores e que se especificavam em comportamentos esperados, fruto da atividade desenvolvida pelo professor. Essas quatro unidades foram assim definidas:

1. meu corpo;

2. como me expresso;

3. minhas coisas;

4. meu mundo.

No sentido de concretizar o que seria o trabalho do professor, detalharemos as sugestões de atividades referentes ao uso dos sentidos como comportamento esperado para se atingir o objetivo integrador de "conhecimento dos movimentos do corpo", integrante da unidade "meu corpo".

Para se conseguir o comportamento esperado de autoconhecimento, expressão da consecução parcial do objetivo integrador, as atividades propostas envolvem a sombra dos alunos, o uso diversificado do espelho com recursos de autoidentificação, as variadas técnicas de pintura sobre o próprio corpo etc.

Nesse sentido, nada há que distinga esse conjunto de atividades daquelas elaboradas, naquele período histórico, de uma série de propostas curriculares para a educação infantil. O que caracteriza a proposta é o fato de ela, apesar de ser destinada às duas primeiras séries do então ensino de 1º grau, abarcar conteúdo específico da educação infantil.

Ou seja, fica evidente, na proposta, que o trabalho do professor especializado em deficiência mental deve, como estratégia básica de ensino, reduzir o conteúdo que seria dado à série correspondente em classe regular e que essa é a única peculiaridade que caracteriza o trabalho escolar junto a alunos com deficiência intelectual.

A *Proposta curricular para deficientes auditivos*, elaborada pela Pontifícia Universidade Católica de São Paulo (Brasil. MEC, Cenesp, 1979b),[5] partia do princípio de que era preciso minimizar os efeitos da deficiência para integrar esses alunos no ensino regular, apontando quatro condições para isso: nível de comunicação, nível de escolaridade, condições emocionais e continuidade do processo de reabilitação de linguagem.

---

5. Essa proposta foi elaborada por equipe formada por professores e especialistas da Divisão de Educação e Reabilitação dos Distúrbios da Comunicação (Derdic), órgão suplementar da PUC-SP, que mantinha e ainda mantém escola especializada para alunos com deficiência auditiva.

Com relação ao nível de escolaridade, o documento afirmava que "muitas vezes um aluno deficiente auditivo, aprovado em determinada série da classe especial, não terá condições de se matricular na série seguinte da classe regular" (Brasil. MEC, Cenesp, 1976b, p. 11), o que parece comprovar que o trabalho realizado e os critérios de promoção utilizados no sistema segregado se distanciavam dos do ensino regular.

Soares (1990, p. 83), ao analisar a referida proposta, constatou que "44% das atividades semanais [...] são preenchidas com atividades das áreas de Treinamento Auditivo, Fala e Música", cujos conteúdos pautavam-se na reabilitação da função auditiva e da fala. Ou seja, pouco mais da metade do currículo prescrito era destinado aos conteúdos escolares, o que, fatalmente, redundaria em defasagem entre o aprendido no sistema segregado e no sistema regular de ensino.

Da mesma forma, a *Proposta Curricular para Deficientes Visuais*, elaborada pela Universidade do Estado do Rio de Janeiro (UERJ), fruto de trabalho de um conjunto de professores e especialistas, definiu o seguinte parâmetro norteador do documento: "a) necessidade de capacitação prévia do deficiente visual para as atividades escolares comuns" (Brasil, MEC, Cenesp, 1976c, p. 8), ou seja, seguindo o mesmo princípio de que para integrar um aluno na rede regular de ensino haveria necessidade de trabalho especializado prévio.

Mais que isso, embora tivessem "recebido a incumbência de preparar um currículo para as duas primeiras séries do primeiro grau", o grupo de especialistas decidiu que, dado o desconhecimento de "toda a vivência anterior do aluno", haveria "a necessidade de um preparo imediato, a nível de pré escolar (*sic*)" (Brasil, MEC, Cenesp, 1976c, p. 7).

Ou seja, o trabalho pedagógico da classe especial se distanciava ainda mais daquele realizado na sala regular, na medida em que, na 1ª série, trabalhar-se-ia com a ampliação de sua percepção, a universalização de seu vocabulário e a estimulação de sua participação para, na 2ª série, ser iniciado o processo de alfabetização.

Verifica-se, portanto, duas distinções básicas, a primeira no que se refere ao trabalho docente especializado, calcado muito mais nos processos de reabilitação do que no desenvolvimento do conteúdo escolar; a segunda, dela decorrente, uma defasagem em relação ao conteúdo escolar entre o que seria desenvolvido na classe especial e o que se desenvolvia, normalmente, na série correspondente do ensino regular.

As políticas de formação de professores após a abertura política

Após a reabertura política pós-regime militar instaurado em 1964, somente em 1994, no governo Fernando Henrique, a educação especial foi objeto de políticas específicas, com a promulgação da *Política Nacional de Educação Especial* (Brasil. SEESP, 1994).

A avaliação feita pelos propositores da política, em aspectos que implicavam na formação e atuação docentes, residia em:

3) Falta de sistematização do processo de avaliação/acompanhamento do progresso do aluno, que envolva tanto a educação especial como a comum.

4) Insuficiência, na maioria dos Estados, de atendimento aos portadores de necessidades especiais em pré-escolas, bem como de serviços de estimulação essencial para atendimento, nas primeiras fases do desenvolvimento infantil.

5) Insuficiência de ofertas de acesso do aluno portador de necessidades especiais na escola regular de ensino.

6) Dificuldades do sistema de ensino em viabilizar a permanência do portador de necessidades educativas especiais na escola.

7) Despreparo dos docentes e técnicos das escolas regulares para atender o alunado da educação especial, provocado pela inadequa-

ção curricular dos cursos de formação de magistério, a níveis de 2º e 3º graus.

8) Carência de técnicos para orientação, acompanhamento e avaliação da programação pedagógica a ser desenvolvida com o aluno.

9) Inadequação dos currículos desenvolvidos pelos professores da educação especial com os alunos portadores de necessidades educativas especiais.

10) Insuficiência de propostas inovadoras como alternativas educacionais e divulgação das já existentes.

11) Indefinição dos critérios para encerrar o processo escolar dos portadores de deficiência, particularmente a mental, e dos portadores de condutas típicas.

12) Inadequação da rede física e carência de material e de equipamentos para atendimento especializado, dificultando o acesso, a permanência e a trajetória do portador de deficiência na escola regular.

13) Falta de consenso sobre a melhor forma de operacionalizar o processo de integração escolar dos portadores de deficiências e de condutas típicas. (Brasil. MEC, SEESP, 1994)

Parte dessa avaliação se voltava à política educacional, como a oferta de vagas inferior à demanda, inadequação da rede física e insuficiência de recursos materiais, carência de técnicos para orientação e acompanhamento da programação pedagógica e falta de política consistente visando à integração desses alunos no sistema regular de ensino.

Outros aspectos incluídos nessa avaliação parecem englobar tanto os sistemas de ensino quanto a gestão escolar, como a falta de sistematização do processo de avaliação/acompanhamento do alunado, a dificuldade em viabilizar a sua permanência na escola, a insuficiência de propostas inovadoras, a indefinição de critérios para o estabelecimento de terminalidade específica e as dificuldades de operacionalização da integração escolar.

Sobram, de todo esse rol, dois aspectos intrinsecamente ligados à formação e ao trabalho docente: de um lado, o despreparo do professor do ensino regular, fruto de formação inadequada e insuficiente; de outro, a inadequação do trabalho pedagógico realizado pelo professor especializado.

No intuito de responder a essa avaliação, a SEESP desenvolveu um conjunto de ações voltadas à formação de professores, que redundaram em publicações, tais como as da Série *Atualidades Pedagógicas*, utilizada inicialmente em curso a distância via satélite, cujo material, contendo orientações específicas sobre cada uma das distintas deficiências, com os superdotados e com os alunos com condutas típicas, foi publicado em 1997.

No volume destinado à deficiência mental (Brasil. MEC, SEESP, 1997), reproduz-se boa parte do que está contido na proposta anterior (concepção de deficiência, definição e classificação da deficiência mental).

Em seguida, apresenta as características e sugestões de atendimento a crianças e jovens, distinguidas por faixa etária (bebê, 4 a 6 anos, 7 a 11 anos, adolescente e adulto); e, nas três faixas correspondentes ao ensino pré-escolar e fundamental, apresenta sugestões de adaptações curriculares que merecem ser detalhadas.

Para a faixa etária dos 4 a 6 anos, a proposta enfatiza que não se trata de um programa paralelo, mas de ajuste da programação que será desenvolvida com os demais alunos.

As medidas e os procedimentos que caracterizariam essas adaptações envolvem adaptação das condições físicas, integração grupal do aluno, adoção de métodos e técnicas de ensino específicas quando for preciso, apoio especializado para realização das tarefas, introdução de atividades individuais complementares, adequação dos conteúdos, objetivos e critérios de avaliação às condições do aluno.

O último desses procedimentos refere-se à adequação do tempo às condições do aluno, o único deles em que há um efetivo destaque (o termo "tempo" está destacado em negrito no original).

Na verdade, se analisarmos todos os demais "procedimentos" relativos à aprendizagem escolar, veremos que todos eles estão subordinados ao tempo, ou seja, o que caracteriza a aprendizagem peculiar do aluno com deficiência intelectual é o maior tempo que leva para se apropriar de conteúdos escolares que alunos sem deficiência se apropriam muito mais facilmente.

Ora, se a aprendizagem do conteúdo escolar por parte do aluno com deficiência é mais lenta e deve-se simplesmente adequar esse conteúdo ao seu ritmo de aprendizagem, como não esperar que a defasagem entre eles e os demais se acentue cada vez mais — fenômeno que está evidente na realidade concreta das escolas? O que fazer com um aluno que, com 15 anos de idade, tem pouco domínio da leitura e da escrita? Deve-se encaminhá-lo para uma série em que há alunos de idade correspondente ou para a classe em que o conteúdo trabalhado é mais compatível com sua defasagem?

Os alunos com deficiência auditiva e surdez foram objeto de três volumes da série — o primeiro, dedicado à caracterização da deficiência auditiva; o segundo, sobre a educação dos surdos; e o terceiro, sobre a língua brasileira de sinais.

O primeiro volume (Brasil. MEC, Inep, 1997) foi subdividido em três fascículos, sendo que o primeiro refere-se à caracterização da deficiência da audição (conceituação e classificação, etiologia e prevenção, diagnóstico, aparelhos de amplificação sonora individual [AASI], culminando com o que definem como caracterização de dois tipos de educandos portadores de deficiência auditiva: os parcialmente surdos (aqueles com surdez leve e moderada), que poderiam usufruir de processos de oralização, e os surdos (com surdez severa e profunda), aos quais se recomenda a utilização de língua de sinais.

O segundo fascículo foi destinado integralmente à família do aluno com deficiência auditiva, e o terceiro, ao papel do professor com a criança surda de 0 a 3 anos.

É interessante atentar, em primeiro lugar, para o fato de o primeiro volume, destinado à deficiência auditiva, ter como capítulo de fechamento "a educação dos surdos de zero a três anos", enquanto o segundo volume (Educação dos surdos) se inicia com a educação dos surdos de 4 a 6 anos.

Ou seja, as crianças com idade abaixo dos 3 anos eram vistas como deficientes auditivas, considerando a possibilidade de que o aparelhamento e o atendimento precoce poderiam favorecer o acesso à linguagem oral, enquanto as com idade superior a 4 anos seriam consideradas surdas.

As recomendações e orientações ao professor para os alunos dessa faixa etária circunscrevem-se, exclusivamente, ao desenvolvimento da linguagem oral e por sinais, não havendo uma referência sequer a algum trabalho pedagógico que envolva conteúdo escolar.

O segundo volume da série, dedicado à educação dos surdos, abarca três fascículos — o primeiro, dedicado à educação infantil; o segundo, à alfabetização; e o terceiro, à educação básica e superior.

No que se refere à educação infantil, as adaptações curriculares recomendadas dizem respeito quase exclusivamente à adaptação da linguagem utilizada, tendo em vista a deficiência dos alunos, na medida em que a sugestão de programação para a pré-escola (p. 111 a 119) nada mais é do que a reprodução dos elementos que formam os componentes curriculares clássicos dessa etapa de ensino (área psicomotora, cognitiva, expressiva e emocional).

O segundo fascículo, dedicado à alfabetização de alunos surdos, é o único que realmente contém um conjunto de orientações explícitas sobre o trabalho pedagógico a ser realizado pelo professor especializado, envolvendo desde princípio para o ensino da língua escrita até exemplos práticos de utilização de material.

O terceiro fascículo trata de aspectos gerais da escolarização básica e superior do aluno surdo, trazendo contribuições genéricas sobre os limites e as possibilidades que a deficiência pode acarretar, sem, contudo, se voltar a qualquer aspecto mais específico em relação ao aprendizado realizado na escola.

O terceiro volume é dedicado integralmente à língua brasileira de sinais, envolvendo aspectos como a sua estrutura linguística, a sua aquisição por crianças surdas e uma introdução sobre a sua gramática.

Assim, o que se pode concluir da análise desses três volumes é que a centralidade das orientações reside nos processos de aquisição de linguagem (oral e escrita), com o conteúdo escolar sendo secundarizado — mais que isso, praticamente ignorado —, nas orientações oficiais que tem por finalidade a formação de professores especializados.

O esquema seguido pelos dois volumes dedicados à deficiência visual é bastante semelhante aos da deficiência auditiva, com o primeiro dedicado à caracterização da deficiência visual, à etapa da educação precoce na educação infantil e ao ensino pré-escolar; o segundo volume aborda a escolarização do aluno com deficiência visual, as complementações curriculares específicas e os processos de socialização e profissionalização.

Com relação à atuação do professor regente de classe, quer seja na educação infantil, quer no ensino fundamental, verifica-se que as orientações tratam de aspectos gerais que parecem não responder às suas reais necessidades, tais como mediar a construção do conhecimento elaborado pela criança com deficiência visual no contexto familiar e escolar; motivar e organizar interações por meio do planejamento de atividades significativas, lúdicas e funcionais; lidar com suas possibilidades e dificuldades, estimulando a organização e formas alternativas de comunicação e construção do conhecimento (Brasil. MEC, SEESP, 2001, p. 166).

O material selecionado para analisar as propostas desse período em relação aos alunos com deficiência física foi o exemplar dos *Cadernos da TV Escola* dedicado a ela (Brasil. MEC, SEED, 1998), cujo esquema é muito semelhante aos anteriores: uma caracterização inicial da deficiência e orientações sobre sua escolarização divididas por faixa etária. Na verdade, se retirarmos o capítulo dedicado aos alunos de 0 a 3 anos em que as atividades estão centradas basicamente no desenvolvimento motor, os processos de escolarização básica ocupam quatorze de uma obra com praticamente cem páginas.

Por meio de um relato fictício de um aluno com deficiência física, o livro vai apresentando o que ele aprendeu na escola, dispondo uma série de conteúdos, mas sem detalhar os procedimentos didáticos utilizados para esse fim.

As políticas de formação de professores para a educação especial na atualidade

A Constituição de 1988, no inciso III de seu artigo 59, definiu que o direito à educação de alunos com deficiência deveria ser cumprido preferencialmente por seu acesso à rede regular de ensino.

Essa ênfase dada à inclusão de alunos com deficiência na rede regular de ensino obrigou o legislador a prever a formação não só do professor especializado, mas também a preparação dos professores do ensino regular para estarem aptos a receber esses alunos.

Nesse sentido, a LDBEN n. 9.394/96, além de assegurar currículo, métodos, técnicas, recursos e organização para o atendimento das necessidades desses alunos, determinou que esses alunos deveriam contar com professores especializados para atendimento de suas necessidades específicas e também com professores do ensino regular capacitados (Brasil, 1996).

A Resolução n. 2/2001 do Conselho Nacional de Educação, que instituiu as Diretrizes Educacionais para a Educação Básica,

O PROFESSOR E O ALUNO COM DEFICIÊNCIA

estabeleceu, no inciso I do artigo 8º, que, na organização das classes comuns, as escolas da rede regular deveriam "prever e prover" [...] "professores das classes comuns e da educação especial capacitados e especializados, respectivamente, para o atendimento às necessidades educacionais dos alunos".

Com a preocupação de explicitar melhor a formação desses dois tipos de professor, a resolução definiu como

> professores capacitados para atuar em classes comuns com alunos que apresentam necessidades educacionais especiais aqueles que comprovem que, em sua formação, de nível médio ou superior, foram incluídos conteúdos sobre educação especial adequados ao desenvolvimento de competências e valores para:
> I — perceber as necessidades educacionais especiais dos alunos e valorizar a educação inclusiva;
> II — flexibilizar a ação pedagógica nas diferentes áreas de conhecimento de modo adequado às necessidades especiais de aprendizagem;
> III — avaliar continuamente a eficácia do processo educativo para o atendimento de necessidades educacionais especiais;
> IV — atuar em equipe, inclusive com professores especializados em educação especial. (Brasil. CNE, 2001, artigo 18, § 1º)

Por outro lado, o § 2º desse mesmo artigo considera

> *professores especializados em educação especial* aqueles que desenvolveram competências para identificar as necessidades educacionais especiais para definir, implementar, liderar e apoiar a implementação de estratégias de flexibilização, adaptação curricular, procedimentos didáticos pedagógicos e práticas alternativas, adequados ao atendimentos das mesmas, bem como trabalhar em equipe, assistindo o professor de classe comum nas práticas que são necessárias para promover a inclusão dos alunos com necessidades educacionais especiais. (Brasil, CNE, 2001, artigo 18, § 2º)

Por fim, o parágrafo 3º desse artigo normatiza a formação dos professores especializados, que deverão comprovar

I — formação em cursos de licenciatura em educação especial ou em uma de suas áreas, preferencialmente de modo concomitante e associado à licenciatura para educação infantil ou para os anos iniciais do ensino fundamental;

II — complementação de estudos ou pós-graduação em áreas específicas da educação especial, posterior à licenciatura nas diferentes áreas de conhecimento, para atuação nos anos finais do ensino fundamental e no ensino médio.

Em 2008, a Secretaria de Educação Especial, do Ministério da Educação, publicou o documento "Política Nacional de Educação Especial na Perspectiva da Educação Inclusiva", no qual estabelece que a

> educação especial é uma modalidade de ensino que perpassa todos os níveis, etapas e modalidades, realiza o atendimento educacional especializado, disponibiliza os recursos e serviços e orienta quanto a sua utilização no processo de ensino e aprendizagem nas turmas comuns do ensino regular. (MEC, SEESP, 2008)

No detalhamento da função do atendimento educacional especializado, o documento determina que ele

> tem como função identificar, elaborar e organizar recursos pedagógicos e de acessibilidade que eliminem as barreiras para a plena participação dos alunos, considerando suas necessidades específicas. As atividades desenvolvidas no atendimento educacional especializado diferenciam-se daquelas realizadas na sala de aula comum, não sendo substitutivas à escolarização. Esse atendimento complementa e/ou suplementa a formação dos alunos com vistas à autonomia e independência na escola e fora dela. (MEC, SEESP, 2008)

Verifica-se, portanto, que, embora o documento defina que a função do AEE[6] é a de identificar, elaborar e organizar recursos

---

6. Essa é a sigla que tem sido utilizada para designar o Atendimento Educacional Especializado.

O PROFESSOR E O ALUNO COM DEFICIÊNCIA   41

pedagógicos, ele amplia essa atuação para a eliminação das dificuldades de acesso. Além disso, determina que as atividades desenvolvidas no AEE devem se distinguir das realizadas na sala de aula comum, pois ele "complementa e/ou suplementa a formação com vistas à autonomia e independência na escola e fora dela" (MEC, SEESP, 2008).

Em outras palavras, embora o documento afirme que cabe ao AEE a elaboração e implementação de recursos pedagógicos, esses não podem se confundir com as atividades de sala de aula. O que seriam, portanto, essas atividades, se não devem ser atividades voltadas para o conhecimento escolar?

Essa ambiguidade fica ainda mais clara quando o documento delimita como AEE os "programas de enriquecimento curricular, o ensino de linguagens e códigos específicos de comunicação e sinalização e tecnologia assistiva" (MEC, SEESP, 2008), não se distinguindo o que são atividades de cunho pedagógico, de apoio ao trabalho realizado no ensino comum e aquelas voltadas à superação das dificuldades inerentes às deficiências, como o ensino de linguagens e códigos específicos e a tecnologia assistiva, devendo ser realizadas no turno inverso ao da classe comum.

Tanto isso é verdade que, na definição do responsável pelo AEE, o documento não se refere ao professor, mas, sim, ao "profissional", cuja atuação deve se centrar no

> ensino da Língua Brasileira de Sinais, da Língua Portuguesa na modalidade escrita como segunda língua, do sistema Braille, do Soroban, da orientação e mobilidade, das atividades de vida autônoma, da comunicação alternativa, do desenvolvimento dos processos mentais superiores, dos programas de enriquecimento curricular, da adequação e produção de materiais didáticos e pedagógicos, da utilização de recursos ópticos e não ópticos, da tecnologia assistiva e outros.

Ou seja, com exceção do enriquecimento curricular, obviamente destinado aos alunos com altas habilidades e à adequação e produção de materiais didáticos e pedagógicos, todas as demais funções não dizem respeito diretamente ao aprendizado do conteúdo escolar.

Entretanto, quando se refere à formação de professores para atuar na educação especial, a "Política Nacional" determina que ela deve ter como base a "sua formação, inicial e continuada, conhecimentos gerais para o exercício da docência e conhecimentos específicos da área" (MEC, SEESP, 2008), pois ela possibilitaria "a sua atuação no atendimento educacional especializado" e aprofundaria o caráter interativo e interdisciplinar da atuação nas salas comuns do ensino regular. Ora, se as atividades desenvolvidas no AEE não podem se confundir com as realizadas nas salas de aula, qual é a razão para que se exija "conhecimentos gerais para o exercício da docência"?

Como corolário de toda essa política, o Conselho Nacional de Educação promulgou a Resolução CNE/CEB n. 04, de 2009, que instituiu as Diretrizes Operacionais para o Atendimento Especializado na Educação Básica, modalidade Educação Especial.

Por meio dessa resolução, o CNE institucionalizou o Atendimento Educacional Especializado (AEE) por meio da instalação de salas de recursos multifuncionais ou em Centros Especializados da rede pública ou de instituições comunitárias ou filantrópicas sem fins lucrativos, que basicamente reitera o que estava contido na Política Nacional, mas ampliando o âmbito de atuação especializado às entidades comunitárias e filantrópicas, assim como determina seu artigo 5º:

> Art. 5º — O AEE é realizado, prioritariamente, na sala de recursos multifuncionais da própria escola ou em outra escola de ensino regular, no turno inverso da escolarização, não sendo substitutivo às classes comuns, podendo ser realizado, também, em centro de Atendimento Educacional Especializado da rede pública ou de instituições comunitárias, confessionais ou filantrópicas sem fins lucrativos, conveniadas com a Secretaria de Educação ou órgão equivalente dos Estados, do Distrito Federal ou dos Municípios.

O PROFESSOR E O ALUNO COM DEFICIÊNCIA   43

Dessa forma, as instituições especializadas, alvos de críticas acerbas por boa parte dos estudiosos da educação especial (D'Antino, 1988; Bueno, 1993, entre outros), passaram, numa simples penada, a constituir redes de apoio à inclusão escolar.

Por outro lado, ao possibilitar esse atendimento em salas de recursos multifuncionais localizadas em outras escolas que não sejam aquela em que o aluno está matriculada matriculado ou em instituições comunitárias e filantrópicas, a resolução favorece o distanciamento entre o trabalho pedagógico realizado em sala de aula e o do Atendimento Educacional Especializado (AEE).

Finalmente, ao não definir especificidades distintas em relação às diferentes deficiências, a resolução propõe a atuação de um superespecialista que, além de identificar, elaborar, produzir e organizar serviços, recursos pedagógicos, de acessibilidade e estratégias, deve preparar e executar um plano de Atendimento Educacional Especializado, organizar o tipo e o número de atendimento aos alunos na sala de recursos multifuncionais, acompanhar a funcionalidade e a aplicabilidade dos recursos pedagógicos e de acessibilidade na sala de aula comum do ensino regular, bem como em outros ambientes da escola, estabelecer parcerias com as áreas intersetoriais na elaboração de estratégias e na disponibilização de recursos de acessibilidade, orientar professores e famílias sobre os recursos pedagógicos e de acessibilidade utilizados pelo aluno, ensinar e usar a tecnologia assistiva de forma a ampliar habilidades funcionais dos alunos, promovendo autonomia e participação, e estabelecer articulação com os professores da sala de aula comum, visando à disponibilização dos serviços, dos recursos pedagógicos e de acessibilidade e das estratégias que promovem a participação dos alunos nas atividades escolares.

Se considerarmos que diferentes deficiências exigem recursos pedagógicos, materiais e estratégias diferenciadas, veremos que será preciso levantar e analisar as recomendações oficiais especificas para a formação do responsável pelo AEE na perspectiva da qualificação do trabalho pedagógico realizado pela escola regular, objeto de análise do próximo tópico, e para isso vamos utilizar as publicações produzidas pela Secretaria de Educação Especial (SEESP), do Ministério da Educação.

As recomendações oficiais para o Atendimento Educacional Especializado (AEE)

Integrando a Política de Educação Especial na Perspectiva da Educação Inclusiva (Brasil. MEC, SEESP, 2008), a Secretaria de Educação Especial do Ministério instituiu um conjunto de ações visando à implementação dessa política.

Para o propósito deste tópico, vamos nos restringir às recomendações por ela estabelecidas em relação ao atendimento educacional especializado (AEE), forma eleita para a atuação do professor especialista no ensino regular.

Constatando que há falta de professor especializado para assumir o Atendimento Educacional Especializado (AEE), a Secretaria de Educação Especial (SEESP) implementou curso de educação a distância, com o objetivo de transformar o atendimento da educação especial de substitutivo a complementar do trabalho realizado em classes do ensino regular (Brasil. MEC, SEESP, 2007a).

O curso procurou abranger a todo o país, prevendo-se a distribuição de dez vagas para cada município polo,[7] perfazendo um total de 1.440 vagas, com a seguinte grade curricular:

---

7. Para implementação de suas ações, a SEESP elegeu 144 municípios polo distribuídos por todo o país, responsáveis por se multiplicar pelos municípios a eles jurisdicionados.

O PROFESSOR E O ALUNO COM DEFICIÊNCIA   45

Grade curricular — Curso de AEE, MEC/SEESP

Componentes curriculares	Carga horária a distância	Carga horária presencial	Carga horária total
Atendimento Educacional Especializado	11,5	3,5	15
Atendimento Especializado em Deficiência Mental	34	3,5	37,5
Atendimento Especializado em Deficiência Física	34	3,5	37,5
Atendimento Especializado em Deficiência Auditiva	34	3,5	37,5
Atendimento Especializado em Deficiência Visual	34	3,5	37,5
Trabalho Final do Curso (TCC)	34	3,5	15
Total de horas	156	24	180

Fonte: Brasil. MEC, SEESP, 2007b.

Verifica-se, em primeiro lugar, que a perspectiva básica foi a de que um professor se responsabilizasse pelo atendimento educacional especializado para qualquer tipo de deficiência, já que o curso englobava as quatro mais incidentes: intelectual, auditiva, física e visual.

Em segundo lugar destaca-se o reduzidíssimo número de horas dedicadas a cada uma das deficiências: 34 horas para oferecer preparação básica para que o professor ofereça atendimento educacional especializado a aluno com determinado tipo de deficiência.

A perspectiva de formação de um único profissional que ofereça apoio ao trabalho realizado pelo ensino regular com alunos com deficiências distintas não leva em consideração que elas redundam em diferentes consequências em relação à aprendizagem do conteúdo escolar.

Em 34 horas de curso, o professor deve adquirir competência para trabalhar com Braille e soroban com alunos cegos; em outras 34, para trabalhar com língua de sinais e adaptações didíaticas da Língua Portuguesa com alunos surdos; em outras tantas, para trabalhar com comunicação alternativa com alunos com paralisia cerebral; e, por fim, com mais 34 para trabalhar com as adaptações curriculares necessárias para o melhor aproveitamento de alunos com deficiência intelectual.

O mais paradoxal nisso tudo é que, juntamente com essa preparação, a SEESP lançou o Programa de Implantação das Salas de Recursos Multifuncionais — 2008, com a previsão de execução de 4.300 delas até o final do ano, ou seja, mesmo que o programa tivesse sido integralmente cumprido, teríamos somente 1.440 professores (dez para cada um dos 144 municípios polo) para assumi-las.

Como a estrutura de municípios polo previa o seu papel multiplicador, provavelmente o professor de salas de recursos multifuncionais formado pelo curso a distância exerceria esse papel nos municípios de sua jurisdição. Ou seja, por meio de cursos de 34 horas, o Ministério não só estaria formando o professor para atendimento específico a cada deficiência, mas também formaria outros professores para esse atendimento.

Ainda sobre a implantação dessas salas, cabe realçar a sua estrutura altamente qualificada, com variedade imensa de recursos, como se pode observar pelo quadro a seguir:

Programa de Implantação de Salas de Recursos Multifuncionais — 2008

As Salas de Recursos Multifuncionais Tipo I e II são constituídas de equipamentos, mobiliários e materiais didáticos pedagógicos, conforme quadro abaixo:

Nº	Especificação
01	Microcomputador com gravador de CD, leitor de DVD e terminal
02	Monitor de 32" LCD
03	Fones de ouvido e microfones
04	Scanner
05	Impressora a laser
06	Teclado com colmeia
07	Mouse com entrada para acionador
08	Acionador de pressão
09	Bandinha rítmica
10	Dominó
11	Material dourado
12	Esquema corporal
13	Memória de numerais
14	Tapete quebra-cabeça
15	Software para comunicação alternativa
16	Sacolão criativo
17	Quebra-cabeças sobrepostos (sequência lógica)
18	Dominó de animais em língua de sinais
19	Memória de antônimos em língua de sinais
20	Conjunto de lupas manuais (aumento de 3, 4 e 6 vezes)
21	Dominó com textura
22	Plano inclinado — Estante para leitura
23	Mesa redonda
24	Cadeiras para computador
25	Cadeiras para mesa redonda
26	Armário de aço
27	Mesa para computador
28	Mesa para impressora
29	Quadro melanínico

Fonte: Brasil. MEC, SEESP, 2011.

Pelos materiais que compõem as salas de recursos multifuncionais, confirma-se a hipótese de que um professor formado em um curso de poucas horas possa ofereça oferecer o AEE para todos os tipos de deficiência.

Além disso, tanto os materiais pedagógicos instrucionais específicos (como o material dourado e o *software* de comunicação alternativa) quanto jogos como os de memória de numerais, dominó de animais em Língua de Sinais e dominó com textura, constantes das salas, dependem de preparação para seu uso qualificado.

Pode-se concluir, portanto, dada a formação precária que um curso de 36 horas pode oferecer para o trabalho pedagógico específico junto a determinada deficiência, que boa parte dessas salas de recursos muito bem equipadas deve estar sendo subutilizada na sua finalidade de apoio pedagógico específico ao trabalho realizado em sala de aula.

O volume dedicado ao AEE de alunos com deficiência física está subdividido em nove capítulos (Conhecendo o Aluno com Deficiência Física; Atendimento Educacional Especializado para a Deficiência Física; Tecnologia Assistiva (TA); Auxílio de Atividades de Vida Diária — Material Escolar e Pedagógico Adaptado; Comunicação Aumentativa e Alternativa (CAA); Recursos de Acessibilidade ao Computador; Acessibilidade Eletrônica; Alinhamento e Estabilidade Postural: colaborando com as questões do aprendizado) (Brasil. MEC, SEESP, 2007b).

Na definição do que é um professor preparado para atuar no Atendimento Educacional Especializado junto a alunos com deficiência física, a publicação define que ele deve proporcionar a esses alunos "maior qualidade na vida escolar, independência na realização de suas tarefas, ampliação de sua mobilidade, comunicação e habilidades de seu aprendizado" (Brasil. MEC, SEESP, 2007b, p. 28).

Para tanto, o professor deve fazer uso de tecnologia assistida "visando à realização de tarefas acadêmicas e à adequação do

O PROFESSOR E O ALUNO COM DEFICIÊNCIA

espaço escolar" no que se refere: ao uso da comunicação aumentativa e alternativa; à adequação de materiais didático-pedagógicos às necessidades dos educandos; ao desenvolvimento de projetos de acessibilidade arquitetônica junto a arquitetos e engenheiros; à adequação dos recursos de informática; e à utilização de mobiliário adequado (cf. Brasil. MEC, SEESP, 2007b, p. 27-28).

Em seguida, o manual trata especificamente dos materiais a serem utilizados, bem como da adequação de material escolar e pedagógico, como o uso de tesoura adaptada, das adaptações de materiais para pintura e desenho, para o manuseio de livros, a confecção de jogos variados com material de sucata; e materiais específicos para a escrita (letras em cartões, pranchas com letras, máquina de escrever elétrica) (Brasil. MEC, SEESP, 2007b, p. 41-53).

Esse material é apresentado e descrito com razoáveis detalhes sobre a sua confecção ou a possibilidade técnica de uso em relação às dificuldades distintas de alunos com deficiência física, mas é pouco detalhado em relação às possibilidades pedagógicas de exploração do material, ou seja, o professor terá esse material disponível, conhecerá suas características técnicas, mas o uso visando à aprendizagem do conteúdo escolar não é apresentado.

Isso também pode ser visto no capítulo V, que é dedicado à Comunicação Aumentativa e Alternativa (CAA), recurso hoje considerado imprescindível para alunos com sequelas de paralisia cerebral.

O manual define o que é a CAA, quem pode se beneficiar de seu uso, delimita os recursos que a integram, apresenta diferentes sistemas (Bliss, PIC e PCS), as pranchas e os cartões de comunicação e termina com diferentes possibilidades de uso (mesa com símbolos, pastas de comunicação; porta-documentos e porta-cartões; álbuns de fotografias; agendas e calendários), mas em nenhum momento detalha quais são os procedimentos didáticos específicos que devem ser utilizados no sentido de favorecer o aprendizado do conteúdo trabalhado em cada um desses recursos (cf. Brasil. MEC, SEESP, 2007b, p. 57-84).

O volume da coleção dedicado ao Atendimento Educacional Especializado para alunos com deficiência visual segue basicamente o mesmo esquema do anterior (Brasil. MEC, SEESP, 2007c). Define inicialmente o que é deficiência visual, distinguindo a cegueira da baixa visão, e detalha os recursos que podem ser utilizados nas salas de AEE, diferenciando os ópticos dos não ópticos.

Dentre os recursos ópticos, distingue os que são destinados para ampliação da visão para longe (telescópio e telelupas), para perto (óculos especiais) e lupas manuais e de mesa. Entre os não ópticos apresenta os tipos ampliados, acetato amarelo, plano inclinado, *softwares* com síntese de voz, circuito fechado de TV.

Depois disso, se volta para a questão do aprendizado da língua escrita, com ênfase na descrição do sistema Braille, detalhando a composição do alfabeto, os materiais para seu uso (reglete e máquina de escrever Braille). A maior parte do manual refere-se a recursos didáticos para uso junto a alunos com deficiência visual, como as diferentes formas de gravação e arquivamento de material produzido em Braille (gaveteiro, livro de bolso), bem como outros recursos, como a adaptação de medidores (de distância e de volume), finalizando com a apresentação do soroban, para aprendizado da matemática e de recursos tecnológicos avançados: DOSVOX, VIRTUAL VISION e JAWS (cf. Brasil. MEC, SEESP, 2007c, p. 21-33).

Novamente a publicação prende-se à descrição dos aspectos técnicos de uso e de adaptação, não abordando, em nenhum momento, como todo esse material pode ser utilizado no trabalho pedagógico a ser realizado nas salas de AEE.

Outro volume da coleção dedica-se ao AEE para pessoas com surdez (Brasil. MEC, SEESP, 2007d). Na medida em que a própria SEESP distingue a surdez da deficiência auditiva por

O PROFESSOR E O ALUNO COM DEFICIÊNCIA   51

grau de perda e não há qualquer menção ao trabalho pedagógico com esses últimos, fica implícito que o AEE é destinado exclusivamente aos alunos com surdez.

O trabalho sugerido para o AEE com alunos com surdez abrange aspectos denominados *Momentos didático-pedagógicos*: o atendimento especializado em Língua Brasileira de Sinais (LIBRAS), o atendimento especializado para o ensino de LIBRAS; o atendimento especializado para o ensino de Língua Portuguesa.

No *Momento do Atendimento Educacional Especializado em Libras* na escola comum, a proposta é de que todos os conhecimentos dos diferentes conteúdos curriculares sejam "explicados nessa língua por um professor, sendo esse preferencialmente surdo. Esse trabalho é realizado todos os dias e destina-se aos alunos com surdez" (Brasil. MEC, SEESP, 2007d, p. 25).

No *Momento do Atendimento Educacional Especializado para o ensino de Libras* na escola comum, a proposição é de que os alunos com surdez tenham "aulas de Libras, favorecendo o conhecimento e a aquisição principalmente de termos científicos. Esse trabalho" [deve ser] "realizado pelo professor e/ou instrutor de Libras (preferencialmente surdo), de acordo com o estágio de desenvolvimento da Língua de Sinais em que o aluno se encontra. O atendimento deve ser planejado a partir do diagnóstico do conhecimento que o aluno tem a respeito da Língua de Sinais (Brasil. MEC, SEESP, 2007d, p. 25).

No *Momento do Atendimento Educacional Especializado para o ensino da Língua Portuguesa*, propõe-se que sejam "trabalhadas as especificidades dessa língua para pessoas com surdez. Esse trabalho [deve ser] "realizado todos os dias para os alunos com surdez, à parte das aulas da turma comum, por uma professora de Língua Portuguesa, graduada nessa área, preferencialmente". O atendimento deve ser planejado a partir do diagnóstico do conhecimento que o aluno tem a respeito da Língua Portuguesa.

No detalhamento desses três momentos verifica-se que, no primeiro, recomenda-se que o "professor em Língua de Sinais" [deve ministrar] "aula utilizando a Língua de Sinais nas diferentes modalidades, etapas e nos diferentes níveis de ensino como meio de comunicação e interlocução" (Brasil. MEC, SEESP, 2007d, p. 26).

Além disso, descreve e apresenta por meio de fotografias diferentes recursos que o professor pode utilizar, mas em nenhum momento especifica as formas pelas quais esses recursos podem ser didaticamente explorados, ou seja, sobre o uso do material em relação aos diferentes conteúdos escolares, ou seja, como eles podem auxiliar o professor especializado no apoio ao aluno com deficiência incluído no ensino regular.

No segundo momento, reservado especificamente ao ensino da LIBRAS, recomenda-se que o professor, a partir de "diagnóstico do conhecimento que o aluno tem a respeito da Língua de Sinais", deve organizar o AEE, "respeitando as especificidades dessa língua, principalmente o estudo dos termos científicos a serem introduzidos pelo conteúdo curricular" (Brasil. MEC, SEESP, 2007d, p. 32).

O núcleo central desse atendimento refere-se à criação de sinais para termos científicos trabalhados na sala regular, não contemplados pelo que já foi sistematizado em LIBRAS. Verifica-se, nesse trabalho, que a preocupação se volta para traduzir novos termos em LIBRAS, como se pode verificar por meio dos exemplos de tradução do termo "civilização".

Pode-se constatar que, pelo exemplo, bastaria que o termo fosse traduzido para LIBRAS para que o conceito fosse adquirido. Somente à guisa de ilustração, o *Dicionário Houaiss* registra cinco acepções do termo "civilização":

1) ato ou efeito de civilizar(-se); 2) conjunto de aspectos peculiares à vida intelectual, artística, moral e material de uma época, de uma região, de um país ou de uma sociedade (civilização ocidental, civilização egípcia, civilização dos incas); 3) condição de adiantamento e de cultura social; progresso (no século XVI, a civilização indí-

O PROFESSOR E O ALUNO COM DEFICIÊNCIA 53

gena desconhecia técnicas já dominadas pelos europeus); 4) tipo de cultura (civilização tecnológica, civilização judaico-cristã; 5) Em sociolinguística: o conjunto dos elementos materiais, intelectuais e espirituais característicos de uma sociedade, e por ela transmitidos.

Se considerarmos que o dicionário de uma língua restringe-se ao uso corrente e não necessariamente científico dos termos, fica evidente que não basta simplesmente apresentá-los em LIBRAS para que o conceito científico seja necessariamente apreendido.

Aliás, esse é o grande desafio colocado para os processos de escolarização atuais, em que se massificou o acesso à escola básica, que permitiu o acesso de crianças que nem sempre trazem do ambiente de origem capital cultural compatível com aquele exigido pela escola (cf. Bourdieu, 1982). Parece que, embora esse desafio seja praticamente reconhecido por todos em relação aos alunos em geral, ele não é levado em consideração pela proposta para a educação escolar de alunos surdos.

Em um terceiro momento, reservado ao ensino de Língua Portuguesa, considera-se que esse deve ser um trabalho restrito ao AEE, em horário diferente ao da sala comum, desenvolvido preferencialmente por professor formado em Língua Portuguesa, cujo objetivo é o de "desenvolver a competência gramatical ou linguística, bem como textual, nas pessoas com surdez, para que sejam capazes de gerar sequências linguísticas bem formadas" (Brasil. MEC, SEESP, 2007d, p. 38).

Embora o ensino de Língua Portuguesa esteja restrito à modalidade escrita, o documento recomenda que

a professora de Língua Portuguesa [focalize] o estudo dessa língua nos níveis morfológico, sintático e semântico-pragmático, ou seja, como são atribuídos os significados às palavras e como se dá a organização delas nas frases e nos textos de diferentes contextos, levando os alunos a perceber a estrutura da língua através de atividades diversificadas, procurando construir um conhecimento já adquirido naturalmente pelos alunos ouvintes. (Brasil. MEC, SEESP, 2007d, p. 40)

Dois são os comentários críticos que merecem ser feitos em relação a essas proposições, intimamente ligados entre si.

O primeiro é de que em momento algum do documento há preocupação com os processos de alfabetização desses alunos, como se pode notar pela transcrição acima. Ou seja, o simples fato de levar em consideração os aspectos linguísticos da língua garantiria a construção do conhecimento que os ouvintes adquirem naturalmente.

Ou seja, confunde-se o aprendizado da língua escrita por surdos com o aprendizado da língua oral por ouvintes, sem levar em conta que, mesmo para esses últimos, a apropriação da modalidade escrita da língua que é oralmente proficiente não ocorre de forma "natural", mas demanda procedimentos didáticos específicos e sistemáticos, qualquer que seja a abordagem de alfabetização utilizada.

Tanto é assim que, como indicamos anteriormente, um grande número de alunos ouvintes — proficientes na modalidade oral da Língua Portuguesa — apresenta grande dificuldades no aprendizado da língua escrita, não por qualquer razão de ordem individual, mas precisamente por processos pedagógicos ultrapassados e inadequados.

O segundo comentário é decorrente da crítica citada antes ao professor que deverá atuar no AEE para o ensino da Língua Portuguesa, que deve ser formado, preferencialmente, em curso específico dessa língua, ou seja, em Letras.

É notório que a formação do professor de línguas, nos cursos superiores de Letras, não se volta para os processos de alfabetização, já que esse professor, pela legislação vigente, tem autorização para atuar a partir da 5ª série do ensino fundamental e no ensino médio, ou seja, em etapa do ensino em que o processo de alfabetização estaria concluído. É no curso de pedagogia e, ainda em algumas regiões, em cursos de magistério no ensino médio que se dá a formação do professor alfabetizador, que reúne condições para o trabalho inicial com vistas à aprendizagem da língua escrita.

Essa discrepância entre o trabalho a ser realizado e a formação do professor para atuar no ensino da língua escrita fica ainda mais evidente quando se verifica que a grande maioria dos alunos surdos incluídos no ensino regular que frequentam classes de 1ª a 4ª série do ensino fundamental apresenta baixos níveis de alfabetização, quer tenham apoio ou não de salas de recursos. Soares e Siller (2005), em pesquisa cujo objetivo foi o de "investigar o desempenho acadêmico de dois grupos de alunos surdos que frequentam o ensino regular de 1ª a 5ª série de escolas públicas", utilizou os seguintes procedimentos: 1) aplicação de "prova do Saresp" (Sistema de Avaliação de Rendimento Escolar do Estado de São Paulo) de Língua Portuguesa, destinada à série cursada pelo aluno; 2) conforme o desempenho do aluno, aplicava-se a da série imediatamente anterior, retrocedendo até a 1ª série; 3) aplicação de questões menos complexas, para verificação da compreensão dos mesmos textos da prova anterior; 4) aplicação de questões de menor complexidade, referentes a aspectos da vida cotidiana.

A aplicação da avaliação foi realizada com alunos que frequentavam escolas que contavam com serviço de apoio e de escolas que não contavam com esse serviço. Os resultados obtidos mostraram semelhanças entre os dois grupos quanto ao tipo de dificuldade apresentada. A presença do serviço de apoio não ocasionou diferença de desempenho em relação aos alunos que não contavam com esse auxílio.

Ainda um terceiro aspecto a respeito do aprendizado da modalidade escrita da Língua Portuguesa merece nossa atenção: a distância entre o conteúdo trabalhado em LIBRAS e o conteúdo trabalhado em Língua Portuguesa, assim como a discrepância entre os textos utilizado na leitura e a produção escrita dos alunos.

Os exemplos do ensino do conteúdo escolar em LIBRAS se voltam a conteúdos sobre "a antiguidade oriental clássica", "sólidos geométricos", "regras de trânsito" e "sistemas de numeração decimal e operações matemáticas"; e o ensino de LIBRAS envolve conceitos como "papiro" e "civilização" (Brasil. MEC, SEESP, 2007d, p. 30 e 35).

Em compensação, os exemplos de leitura em língua portuguesa mostram uma simplificação do conteúdo, como se pode notar no exemplo dos estados da água, em que em nenhum momento é utilizado o termo científico "evaporação", que abrange toda a lição.

Outro exemplo dessa discrepância pode ser constatado no exercício de interpretação do texto simples que se segue:

O passeio de Marcos e Paulo

Marcos e Paulo foram passear na fazenda da Fabíola.

Eles foram à fazenda da Fabíola de ônibus.

No meio do caminho, furou o pneu do ônibus.

Todos ajudaram o motorista trocar o pneu.

Chegando à fazenda, encontraram muitos patos brancos, um boi gordo, muitas galinhas carijós e um macaco muito engraçado.

Eles andaram a cavalo e pescaram muitos peixes grandes no rio.

Na árvore, viram uma cobra verde toda enrolada.

Marcos e Paulo saíram correndo de tanto medo. (Brasil. MEC, SEESP, 2007d, p. 43)

Apesar de uma linguagem simplificada e de um vocabulário bastante restrito, a proposta de interpretação de texto é a de representar o texto por meio de desenhos, o que mostra a baixa expectativa da proposta em relação à aquisição da língua escrita por parte dos alunos surdos.

Essa baixa expectativa fica ainda mais evidente nos exemplos que mostram que a produção escrita dos alunos, mesmo quando não são utilizados padrões básicos da língua portuguesa, é aceita

O PROFESSOR E O ALUNO COM DEFICIÊNCIA

sem restrições. É o caso da frase produzida diante de uma gravura de mulher lavando o banheiro: "A mamãe é água.". Ou diante de uma cozinheira mexendo com colher uma panela no fogão, em que a sentença exemplificada é: "A mamãe come arroz, feijão" (Brasil. MEC, SEESP, 2007d, p. 44).

Embora o documento afirme que o "aluno com surdez precisa aprender a incorporar no seu texto as regras gramaticais da escrita em Língua Portuguesa" (Brasil. MEC, SEESP, 2007d, p. 43), diante dessa produção não há qualquer indicação para a adoção de estratégias de ensino que pudessem aproximar a sua escrita da língua portuguesa.

Por fim, cabe analisar as orientações da SEESP em relação ao Atendimento Educacional Especializado para alunos com deficiência mental[8] que apresentam uma peculiaridade em relação às outras deficiências: enquanto as orientações para as deficiências física, visual e auditiva integravam um conjunto de textos destinados ao curso de formação de professores de AEE a distância, no caso da deficiência intelectual, além desse manual, foi publicado outro livro, que contém orientações diferentes.

Para manter um padrão único de análise, vou avaliar somente o material produzido para o curso a distância, como foi feito com os das demais deficiências.

Após discussão teórica em que demonstra a dificuldade de conceituação precisa da deficiência mental, por meio de críticas a diferentes abordagens teóricas, o documento tece uma série de considerações críticas sobre a posição em geral da escola em relação aos alunos com deficiência mental, para concluir que o aprendizado humano é uma ação criativa, individual, heterogênea

---

8. Apesar da recomendação de adoção do termo "deficiência intelectual" em substituição ao termo "deficiência mental", por determinar com maior precisão a área afetada, os documentos analisados continuaram a utilizar o temo "deficiência mental". Por essa razão, quando o termo fizer parte do meu discurso, utilizarei o termo "intelectual", mas quando for retirado dos documentos, utilizarei "deficiência mental".

e regulada pelo sujeito de aprendizagem e que, portanto, são "as diferentes ideias, opiniões, [os diversos] níveis de compreensão que enriquecem o processo escolar e clareiam o entendimento dos alunos e professores. Essa diversidade deriva das formas singulares de nos adaptarmos cognitivamente a um dado conteúdo e da possibilidade de nos expressarmos abertamente sobre ele" (Brasil. MEC, SEESP, 2007e, p. 17).

Nesse sentido, o manual recomenda que o Atendimento Educacional Especializado para tais alunos deve, portanto, privilegiar o desenvolvimento e a superação de seus limites intelectuais (Brasil. MEC, SEESP, 2007e, p. 22).

Com relação à prática do AEE, o documento sugere que "o aluno seja incentivado a se expressar, pesquisar, inventar hipóteses e reinventar o conhecimento livremente", por meio de situações em que o aluno tenha participação ativa, que contribua para o desenvolvimento de sua criatividade e a capacidade de conhecer o mundo e a si mesmo (Brasil. MEC, SEESP, 2007e, p. 24-25).

Porém, quando se reporta ao conteúdo que deve ser trabalhado com esses alunos, se restringe ao aprendizado da língua escrita, que ocupa 32 páginas do total de 81 que constituem o manual.

No segundo capítulo, trata exclusivamente da emergência da escrita, abrangendo a conceituação do ato de ler, o processo de letramento, a avaliação da aprendizagem da leitura e da escrita, estratégias de leitura e os níveis de escrita segundo Ferreiro e Teberosky (1986), ou seja, nada há nesse capítulo que se destine especificamente ao processo ensino-aprendizagem de alunos com deficiência mental.

No capítulo seguinte, aborda as mediações possíveis entre quem ensina e quem aprende exemplificando por meio de um episódio concreto que não mostra nenhuma diferença entre o que se deve fazer no processo de alfabetização com um aluno não deficiente e um aluno com deficiência mental:

1. Pesquisadora — *O que está escrito aqui?*
   (FIGURA: um menino soltando pipa; TEXTO: Juca solta pipa.)
2. Elizabeth — *Ju-ca sol-da pipa* (lendo)
3. Pesquisadora — *Juca...*
4. Elizabeth — *So-da pipa.* (lendo)
5. Pesquisadora — *Juca soda pipa?*
6. Elizabeth — *É.*
7. Pesquisadora — *E o que quer dizer isso?*
8. Elizabeth — (Pensa e observa o cartão)
9. Pesquisadora — *O que significa? Juca soda pipa?*
10. Elizabeth — *Acho que é, né?*
11. Pesquisadora — *Onde está a palavra Juca?*
12. Elizabeth — (Indica corretamente)
13. Pesquisadora — *Esta palavra aqui* (solta) *é o quê?*
14. Elizabeth — *Cho-ta pipa.* (lendo)
15. Pesquisadora — *É qual?*
16. Elizabeth — *Não sei.*
17. Pesquisadora — *Diz de novo porque eu não escutei direito.*
18. Elizabeth — *Chol-ta.* (lendo)
19. Pesquisadora — *E o que quer dizer isto, Elizabeth? O que o menino está fazendo?* (indicando o desenho) *Quem é este menino?* (Juca)
20. Elizabeth — *Juca.*
21. Pesquisadora — *E o que ele está fazendo?*
22. Elizabeth — *Ta... Eu não sei.*
23. Pesquisadora — *Não? Tu nunca brincaste com isto?* (mostra o desenho da pipa) *E não viu ninguém brincando?*
24. Elizabeth — *Não.*
25. Pesquisadora — *Como é o nome disto?*
26. Elizabeth — *É uma pipa.*
27. Pesquisadora — *E o que o Juca está fazendo?*
28. Elizabeth — *Ta... tá...* (parece procurar lembrar a palavra adequada para essa ação)
29. Pesquisadora — *Como é o nome que a gente chama?*

30. Elizabeth — (Pensa)

31. Pesquisadora — *O que ele está fazendo? Tu sabes?*

32. Elizabeth — *Eu acho que ele está botando a pipa pra voar, não é?*

33. Pesquisadora — *Exatamente! Mas tu sabes como é que a gente chama isso?*

34. Elizabeth — *Sei não.*

35. Pesquisadora — *Então, leia só mais uma vez aqui, tá certo? A última vez.*

36. Elizabeth — *Juca sol-ta pipa.* (lendo)

37. Pesquisadora — *Então, o que ele está fazendo?*

38. Elizabeth — *Soltando a pipa.*

39. Pesquisadora — *Ah, muito bem! Então, Juca solta pipa, não é?*

40. Elizabeth — *É.*

41. Pesquisadora — *Onde está a palavra solta.*

42. Elizabeth — (Indica corretamente)

43. Pesquisadora — *E a palavra pipa?*

44. Elizabeth — (Indica corretamente)

45. Pesquisadora — *Muito bem, muito obrigada!*

46. Elizabeth — *De nada.*

(Brasil. MEC, SEESP, 2007e, p. 74-75)

Essa indistinção não pode, no entanto, ser encarada como uma falha do documento, mas, sim, como o grande desafio que se coloca em relação aos processos de escolarização de alunos com deficiência mental.

Em outras palavras, o AEE voltado para os deficientes físicos se calca na utilização de recursos com as tecnologias assistivas e a comunicação alternativa; o AEE voltado para os deficientes visuais se prende à utilização de recursos ópticos, ao Braille e ao soroban e aos softwares com sínteses de voz; o AEE para os surdos se volta para a utilização da língua de sinais e para o aprendizado da língua portuguesa. E o AEE para alunos com deficiência mental? Como eles não possuem uma área orgânica afetada como os outros e sua dificuldade reside nos processos cognitivos que interferem no aprendizado do conteúdo escolar, nada há de específico que o diferencie do trabalho que deve ser feito com todo e qualquer aluno, independentemente de suas condições cognitivas.

À guisa de considerações finais, podemos dizer que as análises das três propostas que cobrem praticamente o período de institucionalização da educação especial no Brasil (1974 a 2008) evidenciam algumas características que, apesar das mudanças ocorridas, parecem refletir a permanência de aspectos que, em tese, estariam superados.

O primeiro refere-se à perspectiva introduzida pela Declaração de Salamanca (Conferência Mundial sobre Necessidades Educacionais Especiais, 1994), ao se afirmar que, ao contrário do que se propugnava até então, não deveriam os alunos com deficiência precisar se adequar às exigências da instituição escolar, mas, ao contrário, a escola deveria sofrer transformações para receber com qualidade qualquer aluno, inclusive aqueles com deficiência.

O teor dos documentos orientadores do trabalho pedagógico demonstra que a centralidade nas características oriundas das deficiências é o que determina a ação especializada. O trabalho que o professor especializado deve realizar diz respeito, fundamentalmente, às dificuldades dos alunos, quer seja no que tange à linguagem, em relação aos alunos com deficiência auditiva, quer se refira ao aprendizado de Braille e soroban, no caso dos alunos com deficiência visual, ou, ainda, ao uso da comunicação alternativa aumentativa, no caso de alunos com paralisia cerebral.

No que se refere aos alunos com deficiência mental, pode se verificar que, na medida em que não apresentam prejuízos localizados como os anteriores e que apresentam dificuldades em relação ao aprendizado escolar, não aparece nenhuma recomendação além do respeito ao seu ritmo de aprendizagem, que redunda em uso mais largo de tempo que aquele utilizado com crianças não deficientes.

Não estamos aqui colocando em xeque a utilização desses procedimentos, mas, sim, a restrição somente a eles. Quais são as modificações concretas que devem ser encetadas no plano da organização curricular e das práticas pedagógicas cotidianas no sentido de sua adequação às necessidades dessas crianças? Qual é o papel do professor especializado junto ao professor do ensino regular no sentido de organizarem e implementarem, juntos, adequações concretas que visem à apropriação do conteúdo escolar e não somente da minimização dos efeitos de uma dada deficiência?

O segundo aspecto, decorrente do primeiro, refere-se ao distanciamento do professor especializado em relação ao professor regente de classe.

Se a inclusão qualificada depende do trabalho realizado em sala de aula, não há como se prescindir, de um lado, do apoio especializado efetivo e concreto durante as atividades desenvolvidas na classe regular; de outro lado, para que o trabalho especializado redunde em melhor rendimento escolar, o professor por ele responsável necessita não só se inteirar do que se realiza na sala de aula, mas também possuir formação suficiente para, com base no que conhece do aluno com deficiência, sugerir modificações didáticas compatíveis com suas características.

Nesse sentido, não basta ao professor especializado ter o domínio dos procedimentos específicos como o Braille, a língua de sinais ou a comunicação alternativa, mas, também, formação pedagógica suficiente para que esses procedimentos possam ser utilizados em prol da melhoria do rendimento dos alunos sob sua responsabilidade como especialista.

Esses parecem ser os grandes desafios no sentido de construir uma inclusão escolar qualificada de alunos com deficiência, na medida em que a inclusão escolar não se restringe somente a esses alunos, como podemos verificar nas "Orientações curriculares" da Secretaria de Educação do Estado de São Paulo:

O objetivo maior — possibilitar que **todos os nossos alunos se tornem leitores e escritores competentes** — *nos compromete com a construção de uma escola inclusiva, que promove a aprendizagem dos alunos das camadas mais pobres da população.* A condição socioeconômica não pode mais ser encarada pela escola pública como um obstáculo intransponível que, assim, perversamente, reproduz a desigualdade. (São Paulo: SEE, 2008, p. 7; grifos meus)

Ou seja, a *escola inclusiva* é aquela que deve promover a aprendizagem dos alunos oriundos da população mais pobre, e não somente dos alunos com deficiência.

SEGUNDA PARTE

2

A educação inclusiva, o professor e o aluno com deficiência:

construções sociais

A primeira parte deste livro objetiva uma introdução à história e às políticas públicas de educação especial e, mais especificamente, às formas como, nessa história, configuram-se a posição do professor, o lugar que lhe é atribuído, as expectativas em torno do seu papel e seu perfil no contexto dessa modalidade de educação. O segundo capítulo, mais diretamente, aponta para as diretrizes de formação do professor dito especializado/ capacitado, como referido nos mais recentes documentos oficiais de legislação sobre o tema, e apresenta os norteadores desse atendimento.

A leitura nos permite entender que desde o século passado, nas escolas comuns e especiais, os educadores brasileiros, de forma mais ou menos direta, estão envolvidos com questões concernentes à educação de pessoas com as mais diversas formas de deficiência, aprendendo a trabalhar com esses alunos. Essa introdução aos aspectos históricos e políticos que contingenciam a relação educação-aluno com deficiência nos conduz a questões sobre o atual "estado da arte" de implementação de políticas e práticas de educação especial na perspectiva da inclusão e, nesse contexto, a persistir na reflexão sobre a "posição" do professor, especialmente o da escola comum, em relação aos alunos com deficiência e ao projeto político e pedagógico que objetiva sua inclusão.

Educação inclusiva como construção social

Ao longo das duas últimas décadas, como educadores, participamos dos processos de disseminação e implementação de políticas e práticas de inclusão escolar, sendo convocados, se não a uma participação mais efetiva na educação desses alunos, ao reconhecimento do direito de sua efetivação em todos os âmbitos e todas as modalidades da educação. Durante esse período, alavancado sobretudo pelas manifestações em prol do direito à inclusão social, o princípio da educação inclusiva ganhou força como base de políticas educacionais, exigindo a consideração de existência das inúmeras e diversas formas de expressão da exclusão social e da educação escolar como medida que concorra para sua superação. Sua assunção articula-se à importância conferida à educação pelas políticas brasileiras desde a década de 1990, quando se enfatiza a necessidade de democratização do ensino e da garantia de oferta de uma educação de qualidade para todos.

A partir da promulgação da LDBEN (1996), as redes brasileiras de ensino público e privado são convocadas ao atendimento a todas às crianças e instadas a adequar-se para esse objetivo. A resolução CNE/CEB n. 02/2001 especificará como deve dar-se tal adequação no que concerne ao atendimento à população com deficiência, definindo as Diretrizes Nacionais de Educação Especial na Educação Básica e, juntamente, promovendo a implementação do Programa Educação Inclusiva:

Direito à Diversidade (Brasil, 2003). Desde 1996, um número considerável de documentos de 'teor didático', versando especificamente sobre a educação especial e a inclusão escolar de alunos com deficiência, foi publicado e distribuído pelo MEC/SEESP,[1] assim como por Secretarias Estaduais e Municipais de Educação, por todo Brasil. Concomitantemente, órgãos governamentais, como também o terceiro setor (ONGs), promoveram campanhas, veiculadas pela mídia impressa e televisiva, com o objetivo de esclarecimento da população sobre o tema. Multiplicaram-se na *web* os *sites* oficiais ou *civis* com informações dirigidas sobretudo à escola e aos professores, apontados como protagonistas, peças-chave desse processo. A perspectiva de inclusão escolar, como paradigma atual da relação educação-aluno com deficiência, ganha força e forma retórica, jurídica e pedagógica no âmbito da escola e da sociedade, do senso comum e do discurso oficial, sendo significada, promovida e implementada de formas diversas.

Nesse processo, registra-se o empenho governamental frente a sua divulgação e a construção de condições educacionais de sua implementação. Em decorrência, registra-se o aumento do número de matrículas definidas como de educação especial, apontando para o aumento do acesso de alunos com as mais diversas deficiências, ao sistema comum de ensino. A disseminação dos princípios inclusivos suscita a reflexão sobre como, na implementação das políticas de inclusão, dá-se sua assimilação pela escola, sobre como vão se impondo (e sobrepondo) como fundamento de um modelo de atendimento pedagógico, no qual a referência ao papel desempenhado pelos fatores sociais nos processos de educação e desenvolvimento de pessoas com deficiência ganha relevância e centralidade.

---

1. Tomemos como exemplo os tomos dos Parâmetros Curriculares Nacionais (PCNs) e dos Referenciais Curriculares da Educação Nacional (RCEN) que versam especificamente sobre o tema, assim como referências de avaliação, de flexibilização curricular etc. A intensificação de produção dessas publicações antecede.

É partindo do pressuposto de que as formas de ação educacional dirigidas a qualquer aluno implicam as condições "sociais" (humanas e físicas) de sua realização que somos conduzidos à discussão sobre como, atualmente, as escolas e, em seu interior, os educadores, por todo o Brasil, trabalham com esses alunos quando são convocados a implementar políticas e práticas de inclusão escolar, tomando ou não em consideração esses parâmetros e as prescrições, ou seja, somos conduzidos a refletir sobre como encontra-se na atualidade o professor diante do aluno com deficiência, como relaciona-se com esse aluno. Nessa reflexão, compreendemos que essa relação só pode ser aprendida e problematizada se for percebida como parte da relação da sociedade brasileira com o campo da educação, com a escola, com os seus professores e alunos.

A reflexão sobre o tema "o professor diante do aluno com deficiência" exige a consideração de diversos aspectos como, por exemplo, os de ordem jurídica, política e pedagógica, definidores de condições de efetivação de modos diversos de realização do trabalho educacional junto aos alunos com deficiência. Como condições, essas prescrições articulam-se e, às vezes, surgem como decorrentes ou complementares a outras tantas, explícitas ou implícitas, perpassando nossos modos de lidar e trabalhar com esses alunos na escola, no âmbito do ensino comum ou especializado, restringindo ou ampliando as possibilidades — nossas e deles — de ação, de aprendizado e desenvolvimento, de formação na escola.

Quando nos referimos a condições implícitas, falamos da necessidade de se considerar o que subjaz, o que se omite nas entrelinhas dessas prescrições sobre os modos de conceber e fazer a educação para a população com deficiência — em nosso entendimento, modos de conceber e (por que não dizer?) de (re) produzir na escola a deficiência, definindo a *priori* seus limites e suas formas de expressão.

Nas inúmeras formas de relação da escola com esses alunos, entre os problemas e as queixas comumente referidos, destaca-se

O PROFESSOR E O ALUNO COM DEFICIÊNCIA

a alegação de falta de condições de realização de um trabalho especializado, de desconhecimento quanto às formas de abordagem desses alunos diferentes, de organização de situações de ensino-aprendizagem que contemplem suas especificidades, de suposição ou constatação de não saber o que fazer, como organizar o trabalho de forma a atender as suas especificidades (Carvalho, 2005). Os educadores alegam não saber o que fazer com o aluno que apresentam dificuldade, indagam sobre como ensinar a quem pressupostamente não aprende, não fala, não vê, não ouve, não se move, não desenha, não brinca, não age da forma que aprendemos a reconhecer como normal, típica, adequada, da forma que instituiu-se na escola como indicadora de aprendizado e de desenvolvimento.

Como e por que isso ocorre face aos esforços empreendidos pela sociedade civil (pelas organizações sem fins lucrativos — ONGs) e pelos órgãos oficiais para a orientação em relação ao tema? Serão as proposições legais relativas à educação especial e a formação do professor (já referidas nos capítulos anteriores) desconsideradas?

Sem a pretensão, a intenção e as condições de dar conta de todos os aspectos que alimentam esse debate, destacamos o que consideramos essencial à compreensão de como, no momento atual, a escola (e nela, seus professores) relaciona-se com esses alunos construindo a ação educativa nomeada e ensejada inclusiva.

Em um contexto de avanços e retrocessos, enquanto políticas e práticas são implementadas na escola, muitas questões emergem, ajustes legais são feitos, novas preconizações são formuladas (como a Política Nacional de Educação Especial na Perspectiva da Educação Inclusiva e a Convenção sobre os Direitos das pessoas com Deficiência),[2] experiências são relatadas,

---

2. A Política Nacional de Educação Especial na Perspectiva da Educação Inclusiva, documento elaborado pelo Grupo de Trabalho nomeado pela Portaria Ministerial n. 555, de 5

pesquisas apontam e questionam os números e os inúmeros aspectos implicados na realização do projeto inclusivo, mais especificamente, aspectos das relações da escola com esses alunos, relações ancoradas em uma política, mas não restritas às suas determinações.

Entendemos que, além de questões, estamos elencando fatores implicados no processo de inclusão escolar e em seu bojo, no processo de construção de relação da educação escolar com o aluno que tem deficiência, e que a reflexão sobre esses fatores pode concorrer para a compreensão desses processos, e essa, por sua vez, para a superação de modos atuais de sua expressão. Temos como pressuposto que, quando falamos em inclusão escolar de alunos com deficiência, estamos falando de educação escolar em seu sentido mais amplo e de que os conhecimentos sobre o tema constituem sensibilidades, fundamentam valores e dão condições essenciais para que a escola e os professores possam relacionar-se de outra forma com esse aluno e com todos os seus alunos.

Considerando que se trata de uma questão de refletir sobre a educação, sobre a qualidade da educação escolar e sobre sua função, assim como sobre o papel do professor em sua efetivação, entendemos, como coloca Lopes (2011), que a educação

> visa à transformação de sujeitos, mediante práticas de transmissão e apropriação de modos próprios de agir, de pensar, de sentir, de ser, em cada sociedade, toda prática educativa envolve processos de ensinar-aprender e, portanto, tem uma natureza pedagógica, intencional e sistemática. (Lopes, 2011, p. 5; no prelo)

e que trata-se de refletir sobre por que essas premissas (como coloca a autora citada, interrogando-se sobre crianças), historicamente aceitas com relação ao trabalho com os mais diversos

---

de junho de 2007, prorrogada pela Portaria n. 948, de 9 de outubro de 2007. A Convenção sobre os Direitos das pessoas com Deficiência (Protocolo Facultativo 2007) foi promulgada pelo Brasil pelo Decreto n. 6.949 em agosto de 2009.

O PROFESSOR E O ALUNO COM DEFICIÊNCIA

alunos, suscitam tantos questionamentos quando pensamos a prática educativa junto aos alunos com deficiência. O que esses alunos precisam/podem aprender? O que a escola e nós, os professores, podemos/precisamos lhes "ensinar"? Como efetivar, na prática institucionalizada de educação escolar, ações que contribuam para a participação e o desenvolvimento desses alunos, que respeitem suas especificidades e o que, de forma singular, contingencia o desenvolvimento de cada um?

É buscando apreender a dimensão social, histórica e culturalmente definida de nossas formas de lidar com esses alunos e, nelas, a sua (deles) constituição como tal que tomaremos como desencadeadores da reflexão pretendida relatos de acontecimentos, de vivências escolares que apontam para o caráter social da relação educação/escola/professor/aluno com deficiência, para os problemas, os questionamentos, as dúvidas, os preceitos e os modos de conceber e fazer que a perpassam na construção do trabalho escolar com esse aluno.

É nossa intenção abordar a questão de uma perspectiva relacional, compreendendo que é no cerne do trabalho escolar que esse aluno, suas limitações e possibilidades ganham forma e importância, visto que não há aluno fora do contexto institucional escolar, das relações de ensino-aprendizagem que o conformam. Nessa relação, escola e professor se implicam, se definem e são definidos a partir da posição assumida frente a esses alunos, dos seus modos de concebê-los e trabalhar com eles.

Para tanto, nos reportaremos a relatos de acontecimentos escolares, a depoimentos de professores e a registros (parte de nosso acervo pessoal) que o ilustram e permitem sua discussão. É nossa intenção trazer elementos que possam contribuir, mas para a elaboração de respostas, para a reflexão sobre as questões formuladas, privilegiando, na discussão, o lugar do professor em relação a esses alunos e processos, apresentar ideias que permitam a interrogação e o redimensionamento das concepções de deficiência, desenvolvimento de práticas de ensino e aprendizagem a ela vinculados e, consequentemente, do trabalho escolar junto aos alunos com deficiência; nesse sentido, interessa-nos discutir a ideia da prática, da *lida* com esse aluno, para além do mero "praticismo".

O professor diante do aluno com deficiência: contradições constitutivas

Em março de 2011, em uma escola pública de ensino fundamental, durante uma ação de extensão que unia educadores e alunos, docentes e graduandos do curso de pedagogia, em uma discussão sobre o processo de inclusão escolar de alunos com deficiência, a fala de uma professora se sobressai pelo tom e pelo teor, conduzindo a discussão para a questão da escola e, mais especificamente, do professor junto alunos com deficiência. Sua fala pode ser assim resumida:

> Esse problema [refere-se à presença de alunos com deficiência na escola] não é do professor. Alguém consultou a escola? Você acha que lá em Brasília tem alguém preocupado, pensando se eles aprendem ou não aprendem, se professor consegue ou não? [...] A questão é política. [...] Esse é um problema muito grande. Nós não temos condições de dar conta desses alunos. Nós não temos condições de dar conta nem dos outros. Professor trabalha muito. Tem muita aula. Dá muita aula. Não dá tempo. É um problema sério, não é porque não quer, é porque não pode. Não dá tempo. Eles [refere-se aos alunos] não conseguem. Eles têm de estar em um lugar especial.[3]

A fala da professora é forte, contundente. Sintetiza argumentos e questões que integram uma posição antagônica e comumente atribuída aos professores quanto às políticas públicas de inclusão. Como entendê-la? Quem são "esses alunos" aos quais a professora se refere? Por que ela se refere à sua presença como um problema? Por que enseja problema? Que tipo de problema? Por que o professor e, podemos dizer, a grande parte

---

3. Acervo pessoal (Carvalho, M. F., 2009-2011).

dos professores recusa a responsabilidade docente sobre eles? Por que a legislação, assim como os parâmetros e as orientações oficialmente promulgados como diretrizes do processo de inclusão escolar — apresentados nos primeiros capítulos —, não responde às inquietações subjacentes a posições como essa? Como essa posição representativa de uma forma de conceber e lidar com alunos com deficiência se engendra, faz-se recorrente em um momento histórico, no qual os discursos oficiais e de *senso comum* enfatizam a inclusão? É possível entender e explicar como a fala da professora se constitui e institui?

O esforço de entendimento da fala da professora, como representativa de uma posição recorrente diante desses alunos, exige a consideração do contexto de indefinições e contradições que a fundam e configuram sua prática, do *locus* social de sua fala, do espaço de interlocução de sua emergência, ou seja: do que ela fala, de quem ela fala, quando e por que, para quem?

A fala da professora expressa algumas das contradições constitutivas da posição social que ocupa, em pleno século XXI, tempo marcado por mudanças econômicas e sociais relativas às transformações tecnológicas, definidoras do processo de globalização e do que esse implica em termos de maior possibilidade de produção, veiculação e acesso a informações, assim como pelo aumento, sem controle, de desigualdades entre pessoas e sociedades. É desse tempo/lugar que nos fala a professora, como educadora brasileira, partícipe de uma das maiores redes de ensino público do país, diante de políticas públicas de educação, frente ao movimento de educação inclusiva e à necessidade de consideração do direito de todos à escola. Sua fala sintetiza uma posição recorrente e contraditória, algo como:

— "*Quero, mas não posso, pois não disponho de meios*";

— "*Quero, mas não é problema meu*";

— "*Concordo com o fato de que esses alunos têm o direito à educação escolar, mas discordo quanto ao lugar de exercício desse direito*".

A professora também nos fala sobre algo que é central à temática de inclusão escolar de alunos com deficiência. Sua fala reflete o paradoxo de políticas educacionais definidas como especiais, porém numa perspectiva de inclusão, apontando para as contradições que, no Brasil, dirigem o percurso desses alunos em sua relação com a educação, nos remetendo aos capítulos introdutórios desse livro, à história da educação (especial) e aos modos como a separação entre esses campos se instituiu, como prevalece e por que.

Ao afirmar que *"eles têm de estar em um lugar especial"*, sua fala reflete as proposições oficiais que, ao mesmo tempo em que situam o atendimento a esses alunos no âmbito da educação escolar regular, também o desvinculam; ao mesmo tempo em que contestam/"desfazem" a fronteira que separa os campos da educação escolar regular e especial, também a legitima e redefine. A fala da professora dá visibilidade a formas como nos discursos sobre o tema, a dicotomia que deveria ser superada, ainda reverbera definindo a dúvida quanto ao direito desses alunos à educação escolar, à escola como espaço e tempo de formação e tudo o que socialmente ela representa.

Discutindo essa dicotomia com referência ao estado de São Paulo, Prieto (2002) aponta que

> o que vem se verificando na legislação nacional e do estado de São Paulo após 1988 é a reiteração do princípio do atendimento dos alunos com necessidades educacionais especiais preferencialmente na rede regular de ensino e, pelo menos em tese, a preservação do *continuum* de serviços especiais, paralelos ou integrados ao ensino comum. (Prieto, 2002, p. 7)

Sousa e Prieto (2002), refletindo sobre a questão, apontam que

> sua oferta, tanto em quantidade como em qualidade, é insuficiente para atender aos seus direitos de acesso e permanência no ensino. O que deve reger o planejamento de políticas públicas de educação

O PROFESSOR E O ALUNO COM DEFICIÊNCIA

é o compromisso de viabilização de uma educação de qualidade, como direito da população, que impõe aos sistemas escolares a organização de uma diversidade de recursos educacionais. (Sousa e Prieto, 2002, p. 124)

Ainda sobre o tema, Sousa e Prieto (2002) afirmam que, oficialmente, o especial na educação tem sido previsto a partir da referência às condições que podem ser necessárias a alguns alunos, tendo em vista a viabilização do cumprimento do direito de todos à educação. Para essas autoras, o "especial" da educação refere-se a algo mais amplo e não apenas pontual, que envolve a formação de todo o conjunto do magistério.

O "especial" refere-se às condições requeridas por alguns alunos que demandam, em seu processo de aprendizagem, auxílios ou serviços não comumente presentes na organização escolar. Caracterizam estas condições, por exemplo, a oferta de materiais e equipamentos específicos, a eliminação de barreiras arquitetônicas e de mobiliário, as de comunicação e sinalização e as de currículo, a metodologia adotada e, o que é fundamental, a garantia de professores especializados bem como de formação continuada para o conjunto do magistério. (Sousa e Prieto, 2002, p. 124)

Sobre o especial da/na Educação, Ferreira (1994, p. 18), ao (pre)ocupar-se com/do tema, afirma que "esse caráter especial não deveria implicar em desvios objetivos gerais da educação escolar, que se esperaria ser os mesmos da educação regular". Para esse autor, "quanto mais exclusivamente 'especial' for o atendimento, maior o grau potencial de segregação".

Bueno (2001, p. 171) aponta para essa dicotomia, referindo a uma dupla função da educação especial, aos concomitantes objetivos de extensão do direito ao usufruto de processos regulares de ensino e, ao mesmo tempo, de segregação dos considerados não adequados ao desenvolvimento da moderna sociedade brasileira, objetivos que integram, na ideia de escolarização especial, tanto a reabilitação quanto a restrição social. Essa dupla função, segundo o autor, é característica fundante da educação especial, dos modos como, em sua história, a preocupação com a eficiência dos processos de ensino se faz sempre presente, em uma perspectiva de abordagem que, segundo o autor, espelha concepções acríticas e descontextualizadas das relações sociais e situa a deficiência "como um fenômeno universal e independente do tempo e do espaço".

O Decreto n. 6.094/2007 estabelece, dentre as diretrizes do Compromisso Todos pela Educação, a garantia do acesso e da permanência no ensino regular e o atendimento às necessidades educacionais especiais dos alunos, fortalecendo a inclusão educacional nas escolas públicas (Brasil, 2008).

Ante o estabelecido, reafirma-se a necessidade de preservação de princípios e objetivos da educação regular no âmbito especial (Ferreira, 1994), de discussão dos modos de consideração da eficiência nos processos de ensino (Bueno, 2001), assim como deve acrescentar-se à referência a formação continuada de professores (Sousa e Prieto, 2001), a necessidade de consideração de aspectos relativos à formação dos profissionais da educação para trabalhar com esses alunos nos cursos de Pedagogia, considerando-se os objetivos de uma legislação que, numa perspectiva inclusiva, visa a garantir a todos os alunos matrículas no sistema regular de ensino.

A formação de professores para o atendimento ao aluno com deficiência na escola regular

Mesmo reconhecendo que a formação docente emerge de múltiplas fontes e se processa igualmente de múltiplas formas, não podemos deixar de considerar, dado seu caráter de produção histórica e que reflete, ainda que em parte, o movimento de circulação de ideias da contemporaneidade, as proposições da legislação de caráter nacional pertinente à formação docente.

O PROFESSOR E O ALUNO COM DEFICIÊNCIA 79

Nesse sentido, a Resolução CNE/CP n. 01, de 15 de maio de 2006, que institui as Diretrizes Curriculares Nacionais para o Curso de Graduação em Pedagogia, licenciatura, constitui o documento mais expressivo relativo à formação de pedagogo, profissional que, entre outras atribuições e possibilidades de atuação, tais como a gestão e a pesquisa, é o responsável e habilitado a atuar na docência nas etapas de Educação Infantil, anos iniciais do Ensino Fundamental — regular e da EJA — e disciplinas específicas de caráter pedagógico do Ensino Médio. As referidas diretrizes visam, portanto, a oferecer princípios orientadores à construção de propostas curriculares que deem suporte à formação inicial, ou seja, à base formativa de professores que, por sua vez, atuarão na base da formação escolar.

Em que pese essa finalidade ampla e complexa, observa-se, entretanto, que o documento não traz, de modo especificado, princípios, procedimentos ou condições de ensino e de aprendizagem, a serem observados pelos órgãos dos sistemas de ensino e pelas instituições de educação superior do país, referentes ao atendimento escolar de alunos com deficiência.

No documento referido, as alusões à educação escolar de pessoas com deficiências encontram-se apenas no artigo 4º, parágrafo único:

> As atividades docentes também compreendem participação na organização e gestão de sistemas e instituições de ensino, englobando:
> X — demonstrar consciência da diversidade, respeitando as diferenças de natureza ambiental-ecológica, étnico-racial, de gêneros, faixas geracionais, classes sociais, religiões, *necessidades especiais*, escolhas sexuais, entre outras

e, no art. 8º, que especifica como, nos termos do projeto pedagógico da instituição, será efetivada a integralização de estudos por meio de:

> III — atividades complementares envolvendo o planejamento e o desenvolvimento progressivo do Trabalho de Curso, atividades de

monitoria, de iniciação científica e de extensão, diretamente orientadas por membro do corpo docente da instituição de educação superior, decorrentes ou articuladas às disciplinas, áreas de conhecimentos, aos seminários, eventos científico-culturais, estudos curriculares, de modo a propiciar vivências em algumas modalidades e experiências, entre outras, e opcionalmente *a educação de pessoas com necessidades especiais*, a educação do campo, a educação indígena, a educação em remanescentes de quilombos, em organizações não governamentais, escolares e não escolares públicas e privadas. (Brasil, 2006)

No âmbito da Nova Lei de Educação Especial na Perspectiva da Inclusão (2007), a abordagem da questão da formação do professor da escola regular tendo em vista a inclusão escolar de alunos com deficiência também é vaga, imprecisa e reflete, de nosso ponto de vista, uma indefinição quanto às necessidades de formação, mesmo quando é assumida uma perspectiva generalista.

Nesta direção, Abreu e Carvalho (2011, p. 2), em discussão recente sobre a questão da formação de professores para a educação de alunos com deficiências, argumentam que, na história das políticas públicas de educação e de instituição dos cursos de pedagogia, a abordagem do tema caracteriza-se pela imprecisão, pela descontinuidade de alternância de posições favoráveis à formação do professor especialista ou do professor generalista.

É desse contexto de alternância de proposições que resultaram, na década de 1960, os cursos de habilitação para educação especial (entre outros), os quais, a despeito de atenderem a necessidades de escolarização básica de alunos com deficiência, concorreram também para o estabelecimento da dicotomia entre a educação comum e especial, entre os fundamentos e as práticas de atendimento escolar a essa população, assim como para o esvaziamento da discussão sobre o tema no âmbito da formação dos profissionais da educação (que não optavam por essa especialização/habilitação), concorrendo ainda para construção da ideia, ainda vigente, de que "aluno com deficiência não é aluno da educação escolar" e seus desdobramentos.

Os fatores apontados concorreram, nas décadas seguintes, para a segregação desses alunos em instituições de atendimento educacional especializado, onde, com frequência, em detrimento da escolarização, predominava o atendimento ocupacional, assim como para a construção, no âmbito da escola, de práticas e preceitos que na postulação do especial que deve caracterizar a educação de alunos com deficiência desconsideram, suprimem as premissas relativas ao desenvolvimento humano e à organização da educação escolar como *locus* e fonte desse último.

Quando o modelo de habilitações foi questionado, em meados da década de 1980, e suprimido, a educação especial voltou-se à formação docente generalista. Esse movimento teve seu "ponto alto" na primeira metade da década de 2000 com a supressão do modelo de habilitações e, podemos dizer, a retomada das diretrizes de formação que fundamentavam, já em 1962, o currículo do curso de Pedagogia para a formação de um profissional generalista, pela introdução de um currículo mínimo acrescido de disciplinas opcionais instrumentais, cabendo à pós-graduação a especialização necessária (Abreu e Carvalho, 2011, p. 4)

> Atualmente, consolidado pelas diretrizes curriculares do curso de pedagogia, o modelo generalista se confronta, em alguns documentos legais, com o esforço de atendimento educacional das especificidades dos alunos com deficiência, sendo complementado pela figura ainda bastante inconsistente do professor capacitado para atuar em classes comuns com alunos que apresentam necessidades educacionais especiais (Lei n. 9.394/96 e Resolução CNE/CEB n. 02/2001), sem que se faça, entretanto, referência a esse profissional nas diretrizes curriculares nacionais para o curso de graduação em pedagogia (Resolução CNE/CP n. 01/2006) ou para formação de professores da Educação Básica. (Resolução CNE/CP n. 01/2002)

Constata-se, assim, que os objetivos e princípios fundantes das mudanças curriculares dos cursos de pedagogia, bem como da política de educação especial na perspectiva da inclusão, redundam na indefinição quanto à capacitação necessária ao professor generalista no que concerne à educação escolar de alunos com deficiência.

À disposição constante na Resolução (CNE/CP n. 01/2002) sobre "um professor generalista que tenha em sua formação contempladas a cultura geral e profissional e a habilidade de transformar os conteúdos selecionados em objeto de ensino" somam-se as indefinições quanto à formação dos educadores, preconizadas pelas políticas públicas que preconizam a oferta de atendimento educacional aos alunos com deficiência na rede regular de ensino e a oferta concomitante de atendimento educacional especializado, quando aponta de forma vaga para o que deve ser formado, citando, por exemplo, o "comprometimento com os valores de uma sociedade democrática" e os "conhecimentos sobre crianças, adolescentes, jovens e adultos, aí incluídas as especificidades dos alunos com necessidades educacionais especiais e as das comunidades indígenas", sendo assim assemelhadas as especificidades relativas às condições sociais e orgânicas, as diferenças e deficiências, sem que se considere ou discuta a diversidade de desvantagens que delas podem resultar nas relações de ensino e aprendizagem (Abreu e Carvalho, 2011, p. 5).

Assim, podemos dizer que na história de formulação das diretrizes curriculares para o curso de Pedagogia a alternância de preceitos e modelos de formação (de especialista ou generalista), no que concerne à formação de professores para a ação escolar junto aos alunos com deficiência, tem conduzido sempre ao esvaziamento da discussão sobre as condições e possibilidades de desenvolvimento e educação dessa população, à ausência de sistematização da discussão sobre como os conhecimentos e as práticas que integram o curso de pedagogia podem ser tomados como fundamento e índice de orientação à ação pedagógica que

O PROFESSOR E O ALUNO COM DEFICIÊNCIA

esses alunos, reconhecidas as suas especificidades, necessitam, assim como às implicações políticas e pedagógicas dessas lacunas, dessa desconsideração.

As posições dos professores diante desses alunos têm uma origem que remete a essa alternância, a essas indefinições, como constitutivas da qualidade de sua formação. No que concerne à educação escolar de alunos com deficiência, releva-se a necessidade de superação das noções, ainda vigentes, de normalidade e deficiência, assim como da histórica (e política) dicotomia entre os campos comum e especial de ensino, como condição de uma ação escolar mais profícua frente a esses alunos, ação construída a partir do conhecimento e da relação entre modalidades de educação até pouco tempo atrás interditas (dependendo da especialização de cada um) e de uma posição crítica frente aos referenciais políticos e pedagógicos de um modelo educacional que objetiva a oferta de educação para todos.

Os cursos de licenciatura abordam a questão da educação de pessoas com deficiência em suas grades curriculares das mais variadas formas, podendo atribuir ao tema maior ou menor importância, sob diferentes perspectivas teóricas e orientações metodológicas etc. Impõem-se, ainda, o fato de a inclusão escolar dessas pessoas demandar de professores em exercício, já formados sob as condições acima discutidas, a necessidade de enfrentamento do tema e de, nesse enfrentamento, na formação continuada, se explicitarem também as divergências em relação aos modos de entendimento da própria educação inclusiva. Para Prieto (2006, p. 57), a "expansão do acesso de alunos com necessidades educacionais especiais às classes comuns, constatável principalmente desde a última década do século XX, demanda investimentos de diversas naturezas para também assegurar sua permanência, compreendida como aprendizagem e desenvolvimento".

Para a autora acima referida, a formação continuada do professor deve ser um compromisso dos sistemas de ensino. O compromisso com o ensino de qualidade deve assegurar a formação que contemple as especificidades de todos os alunos e, com esse fim, a aptidão para a revisão e elaboração de propostas e práticas de ensino, via análise de domínios de conhecimentos, de diferentes necessidades demandadas pelos processos de aprendizagem, de avaliar tendo em vista a reformulação do planejamento, de forma a aprimorar o atendimento aos alunos.

A escola pública e a educação inclusiva

É do sistema regular de ensino que nos fala a professora ao afirmar que "professor trabalha muito. Dá muita aula" e que os alunos com deficiência "não conseguem. Eles têm de estar em um lugar especial". De uma escola pública de educação básica, onde, conforme o último censo escolar, o número de matrículas definidas como de inclusão cresceu significativamente em todas as etapas e modalidades de ensino. Desde 2001, tendo como aporte a Resolução CNE/CEB n. 02, de 2001, a qual prevê que "os sistemas de ensino devem matricular todos os alunos" e especifica que "o atendimento dos alunos com necessidades educacionais especiais deve ser realizado em classes comuns do ensino regular em qualquer etapa ou modalidade da educação básica". Na escola pública de educação básica, a presença de alunos com deficiência é uma realidade.

Segundo Carvalho (2008), embora o Censo Escolar de 2005 (MEC/Inep) ainda aponte maior concentração do atendimento em educação especial no âmbito privado e em escolas exclusivamente especializadas, ele também aponta para a existência de movimentos de mudança nesse cenário, mostrando a expansão do acesso do alunado com deficiências à rede pública de ensino (em 2005, o número de matrículas em educação especial cresceu 42,7% em relação a 2002, sendo 91% do total das novas matrículas designadas como inclusivas e em escolas públicas). Essa expansão que ocorre principalmente nas primeiras séries do

O PROFESSOR E O ALUNO COM DEFICIÊNCIA 85

ensino fundamental é ainda pouco significativa quanto ao atendimento de crianças de 0 a 6 anos e de jovens e adultos. A autora chama a atenção para o fato de "[...] os números de matrículas no ensino médio, na EJA, na educação profissional e no ensino superior, deixam claras a ausência de progressão e a prevalência das instituições filantrópicas — ensino exclusivamente especializado, como opção para esse alunado":

> A realidade do crescimento dos números referentes à ampliação das matrículas designadas pelo MEC como inclusivas e das mudanças estruturais que a acompanham vista isoladamente soa animadora, mas é necessário que consideremos que o crescimento desses números, tomado como parte do processo de inclusão escolar *em curso* no contexto educacional paulistano (e brasileiro), precisa ser acompanhado e analisado no âmbito do cotidiano escolar como parte de um amplo e complexo contexto de condições (políticas, pedagógicas, físicas, humanas etc.), que nem sempre se articulam de forma a promover mudanças que concorram para a edificação da educação de qualidade almejada e reivindicada para todos. Em outras palavras, é preciso entender e explicitar como se realiza em termos pedagógicos, relacionais, os números reais que no discurso oficial *contabilizam* o "crescimento" do processo. (Carvalho, 2008, p. 5)

Mendes (2006, p. 398) também problematiza o aumento do número de matrículas, questiona os números e pondera sobre as contradições que encerram, explicando, entre outras coisas, que o aumento é discreto se relacionado à demanda em potencial e que a maioria da população com deficiência encontrava-se, ainda em 2006, à margem de qualquer tipo de escola, que a imprecisão dos dados oficiais e dos procedimentos de identificação dos alunos com deficiência resultam na criação de uma (des)categorização "outra" na qual um considerável contingente de alunos é enquadrado. Conforme diz essa autora,

> [...] a alta proporção de alunos enquadrados na categoria "outros" parece indicar que a estatística inflacionada com alunos que não

estavam antes sendo contabilizados, e que provavelmente já tinham acesso à escola, mesmo antes do anúncio oficial de políticas de inclusão escolar; sendo que esse contingente nessa categoria residual evidencia indefinição atual de quem é a população de alunos com necessidades educacionais especiais (atualmente referida na legislação como aluno com deficiência — esclarecimento nosso). (Mendes, 2006, p. 398)

É à contradição, à imprecisão, à necessidade de problematização dos números e do que eles podem suscitar ou "dizer" sobre o curso do processo de inclusão que a fala da professora nos remete. Falando de sua experiência profissional, colocando-se de forma pessoal, ela nos narra uma situação específica (e ao mesmo tempo geral) do ensino público, em que a presença de alunos com deficiência intelectual e com surdez, embora discreta (representa menos que 5% do número total de alunos sem diagnóstico), é uma realidade. Especificamente em sua escola, o número de alunos com deficiência intelectual, aproximadamente 3% do total de alunos, torna-se relevante, dado o fato de a escola constituir-se em um polo de Atendimento Educacional Especializado (AEE) para esse tipo de deficiência. À escola, acorrem os adolescentes e jovens diagnosticados como deficientes intelectuais de todo o bairro, de toda a região urbana. Eles estão nas salas de Ensino Fundamental I e II e suas formas de participação suscitam a atenção e a ação dos educadores de toda a comunidade escolar, podendo ser compreendidas como um desafio ou um impasse.

Nessa direção, as formas de relação definidas para o ensino comum e especial oferecidas numa perspectiva inclusiva concorrem para a definição de modos de conceber e fazer a inclusão desses alunos. O que se constata, na atualidade, é que o especial e o comum seguem, além de diferenciados, dissociados, engendrando (in)definições, reafirmando falsas e velhas expectativas em relação aos alunos, restringindo posições e possibilidades de transformação — deles, da escola e da sociedade.

Carvalho (2008), a partir de pesquisa realizada sobre o processo de inclusão escolar de jovens com deficiência mental na Educação de Jovens e Adultos (EJA),[4] na cidade de São Paulo, constata que no cotidiano escolar as condições (organizacionais, políticas, pedagógicas, estruturais e humanas) referidas muitas vezes como avanços nem sempre se articulam de forma a promover mudanças que concorram para a educação de qualidade que almejamos.

Discutindo como os dados estatísticos anunciados pelo governo federal — referentes ao aumento do número de matrículas definidas como de inclusão, associados ao aumento da oferta de Atendimento Educacional Especializado, da acessibilidade, da informatização das escolas e do número de professores com formação específica no tema (relativa à formação continuada oferecida por órgãos governamentais) — se relacionam e objetivam na construção do processo de inclusão escolar de jovens com deficiência mental na EJA, a autora conclui que, embora os números sejam reais e indiquem avanços, podem se articular de forma que crie novos problemas, novos obstáculos à efetivação do projeto de educação inclusiva, o que ocorre na pesquisa referida, dadas as características definidoras do AEE (atendimento educacional especializado) e dos modos de sua oferta, da EJA (educação de jovens e adultos), como modalidade de ensino (formas peculiares de organização de espaço, tempo e conhecimentos definidores do processo de escolarização dirigido a um grupo específico de adultos) e da população com deficiência que a ela acorre, população de baixa renda, desprovida de outras possibilidades de formação e circulação social, como resultado do fechamento das classes especiais e instituições especializadas de ensino no município.

Ainda para a autora citada, o que podemos apontar como avanço articula-se de forma a configurar uma solução paliativa e

---

4. A autora refere-se à pesquisa realizada em 2006, em um Centro Integrado de Educação de Jovens e Adultos localizado na cidade de São Paulo (SP).

digna de atenção, visto que, nessa instituição de ensino, a despeito da existência de um compromisso escolar e docente, a existência de uma SAAI na escola (Sala de Apoio e Atenção à Inclusão destinada ao atendimento educacional especializado aos alunos com deficiência intelectual) conduz à concentração desses alunos nas turmas de 1ª e 2ª séries do ensino fundamental, nos turnos diurnos (quando, em virtude das especificidades que caracterizam esses alunos, torna-se mais fácil ir à escola) e, consequentemente, em grupos específicos. Essa concentração, somada às definições de oferta de atendimento especializado, mais especificamente às que a diferenciam do atendimento educacional regular, de uma forma, dificulta a consideração, no atendimento escolar, das formas distintas de demanda, de aprendizagem e desenvolvimento da população com deficiência.

Na pesquisa referida, os mecanismos definidores do ensino na EJA, tais como a organização dos grupos pela integração de módulos, a flexibilização temporal e presencial, a terminalidade específica, assim como a existência de classes de apoio e atenção à inclusão, somados ao aumento do número de matrículas, concorrem para que o atendimento educacional não responda às necessidades dessa população, mas, ao contrário, remetam à sua "deficientização", definida pelo baixo desempenho e pela falta de progressão. Dessa forma, os números encobrem o processo de rotulação e exclusão dos alunos com deficiência das práticas escolares em seu próprio interior, quando as condições de atendimento não permitem que o empenho, a motivação e o compromisso por parte dos alunos e professores (do AEE/SAAI e das salas regulares, onde se deu a pesquisa) promovam a ampliação e a construção de novos conhecimentos. Ainda conforme a autora:

> Constata-se que a presença de alunos com dificuldades e deficiências não suscita a construção de formas novas de ação, mas a reprodução, pelo professor, das fórmulas "quantitativas" de avaliação de suas possibilidades de elaboração nas/pelas atividades. O que é oferecido

O PROFESSOR E O ALUNO COM DEFICIÊNCIA 89

ou exigido é frequentemente reduzido em quantidade e/ou complexidade [...]. A simplificação da atividade implica uma simplificação das especificidades que caracterizam o alunado com comprometimento do funcionamento mental e pode implicar também na restrição das possibilidades de participação, de aprendizagem e transformação de seu desempenho. (Carvalho, 2009, p. 10)

O que a pesquisa acima referida aponta nos permite refletir sobre os modos como estados e municípios implementam as deliberações oficiais relativas ao atendimento de alunos com deficiência. Temos, no exemplo de criação e objetivos de salas de apoio e atenção à inclusão (SAAI), no Estado de São Paulo, um modelo. A abertura e distribuição das salas vinculam-se ao aumento do número de matrículas inclusivas. Resultantes desse aumento, as SAAI também o produzem, visto ser a matrícula na escola regular condição de acesso ao atendimento especializado. Constitui-se como mecanismo a estratégia construída no âmbito das políticas de Educação Especial para a promoção, a viabilização e a concretização da inclusão desses alunos, dada a determinação legal de oferta de um atendimento especializado. Sua existência, que em princípio deveria favorecer a inclusão escolar dos jovens e adultos, diante da concentração de matrículas, acaba produzindo limites à sua efetivação, limites que são forjados pelos seus próprios modos de organização e seus objetivos, balizados por metas e prescrições estabelecidos pelo órgão regulador do sistema.

Conforme as diretrizes da Política Nacional de Educação Especial na Perspectiva da Educação inclusiva

A educação especial é uma modalidade de ensino que perpassa todos os níveis, as etapas e modalidades, realiza o atendimento educacional especializado, disponibiliza os serviços e recursos próprios desse atendimento e orienta os alunos e seus professores quanto a sua utilização nas turmas comuns do ensino regular. O atendimento educacional especializado identifica, elabora e organiza recursos pedagógicos e de acessibilidade que eliminem as barreiras para a plena participação dos alunos, considerando as suas necessidades específicas. As atividades desenvolvidas no atendimento educacional especializado diferenciam-se daquelas realizadas na sala de aula comum, não sendo substitutivas à escolarização. Esse atendimento complementa e/ou suplementa a formação dos alunos com vistas à autonomia e independência na escola e fora dela. (Brasil, 2008, p. 16)

Dessa forma, como aponta Carvalho (2007), no esforço de diferenciação dos princípios e objetivos, a autonomia da educação especial frente à educação regular, como acima prescrita, concorre para a instauração de modos de relação entre esses campos, que embora os diferenciem não desfaz o papel constitutivo de um em relação ao outro, quando se trata da educação escolar de alunos com deficiência. Referindo-se ao atendimento educacional especializado, na pesquisa já citada, a autora argumenta que

> Sua autonomia em relação ao trabalho escolar e a preponderância de atendimento ao alunado com deficiências específicas concorrem para que sua posição de apoio educacional ao processo de inclusão seja relegada ao segundo plano e que, em contrapartida, prevaleçam a ideia e a prática do atendimento especializado ao aluno, o que contribui para a vinculação do "especializado" com a deficiência, com práticas compensatórias e distintas e, consequente discriminação. [...] A presença da SAAI (e a dos alunos) não afeta o projeto da escola, na direção de sua transformação frente às necessidades desses alunos, ao contrário, concorre para a manutenção da dicotomia entre o ensino público regular e a educação pública especial (que representa), permanecendo, como desta última, a responsabilidade pelo atendimento e pela atenção às necessidades especiais não supridas no âmbito da sala comum. (Carvalho, 2007, p. 9)

O problema não é nosso? A questão é política?

Arruda, Kassar e Benatti (2007), investigando e discutindo as políticas educacionais inclusivas à luz dos processos de ordem econômica que regem o momento político brasileiro fomentando políticas e práticas de inclusão social, argumentam que a compreensão das formas de realização do processo de inclusão escolar só pode ser alcançada se concebemos as políticas educacionais no movimento contraditório da sociedade capitalista, pois é nesse movimento que se situa a necessidade de ampliação do atendimento educacional e de seu barateamento como objetivo que direciona as ações do governo brasileiro, via políticas de inclusão escolar, já prescritas, em termos de dispositivos legais, há mais de 40 anos, que só agora está em vigor.

Laplane (2004), ao analisar o discurso sobre inclusão escolar, falando especificamente do Plano Nacional de Ensino elaborado em 1997, chama nossa atenção para a ênfase dada à escola como instituição integradora. Para a autora,

> O texto da declaração atribui a essas escolas poderes tão amplos que incluem desde o combate às atitudes discriminatórias até a construção de uma sociedade integradora. Essas afirmações remetem aos discursos que proclamam a educação como a grande panaceia e elevam-na ao principal fator de mudança social. [...] A educação é uma entre as várias práticas sociais institucionalizadas. Ela reflete as contradições presentes na sociedade, o jogo de forças e o confronto de tendências e interesses. O combate às atitudes discriminatórias deve ser inserido nesse contexto. A construção de uma sociedade integradora, por sua vez, somente será possível se a integração se efetivar em todos os âmbitos da vida social. (Laplane, 2004, p. 14-15)

Além de apontar o amplo poder atribuído ao sistema de ensino, a autora também aponta, como outro traço definidor dos discursos de inclusão, "o apaziguamento das relações sociais e o apagamento dos conflitos" (Laplane, 2004, p. 15), o que reitera posições pautadas em concepções acríticas e descontextualizadas das relações sociais e dos sujeitos com deficiência, como já referido por Bueno (2001) e, ao que podemos acrescentar também, concepções acríticas de instituição, de escola e de professores.

Para Laplane, se o discurso oficial e documentos como a Declaração de Salamanca (1994) afirmam que a "reforma das instituições sociais não é só é uma tarefa técnica, mas também depende antes de tudo da convicção, do compromisso e da boa vontade de todos os indivíduos que integram a sociedade" (Brasil, 1994, p. 23), é imprescindível reconhecer que a tarefa é essencialmente política e que ela "envolve relações de poder, combate aos privilégios e à desigualdade econômica e social" (Laplane, 2004, p. 15).

"O problema não é nosso..."; "A questão é política." A afirmação da professora ilustra os argumentos da autora citada, desconstruindo a ideia de uma escola que apazigua, apaga os conflitos. É de conflito, de privilégio e poder que nos fala a professora. De um poder que exige, mas também ultrapassa a boa vontade, a convicção e o compromisso, demandando a consideração da dimensão política, constitutiva da questão da educação inclusiva, e é preciso entender e explicitar como se realizam em termos políticos, pedagógicos, o que o discurso oficial preconiza e *contabiliza* como efetivação desse processo, de seu avanço.

Conforme publicações e documentos oficiais já referidos na primeira parte (2005, 2006, 2007[5]), a educação inclusiva funda-se no reconhecimento e no respeito à diversidade humana, na crença na necessidade de produção de ações afirmativas, nas relações da sociedade brasileira com os segmentos populacionais historicamente excluídos, como condição de construção de uma sociedade mais igualitária. Nesse contexto, de prevalência de uma argumentação de cunho jurídico, proveniente do campo do direito, a educação inclusiva, como proposta política e pedagógica, organiza-se como educação para a diversidade e envolve a transformação do sistema educacional de forma a

---

5. Ensaios pedagógicos: Educação para a Diversidade (MEC, SEESP, 2005, 2006; e Nova Lei Brasileira de Educação Especial na Perspectiva da Inclusão, 2007).

contemplar as necessidades de todos que acorrem ao sistema escolar e, mais especificamente, o direito à educação àqueles que ao longo da nossa história tiveram suas diferenças de raça, sexo, classe social, cultura, linguagem e modos de aprendizagem e desenvolvimento tomados como argumento para a sua exclusão das mais diversas formas de participação social e, principalmente, das práticas educativas.

Como todo paradigma, toda tendência ou todo princípio, a ideia de inclusão dimensiona-se nas relações sociais sendo significada de formas diversas e, no Brasil, na escola, passa a ser identificada e a remeter, principalmente, às questões relacionadas à educação da população com deficiência, à garantia de seu acesso e de sua permanência no contexto comum de ensino e, dessa forma, à transformação das metas e formas de organização da Educação Especial.[6] Atualmente pode-se dizer que, em relação às pessoas com deficiência, o argumento jurídico contrapõe-se ao diagnóstico médico ou psicológico, argumento que vigorou durante décadas, definindo quem poderia ou não ir à escola, mas é preciso refletir sobre sua prevalência como definidora das formas de organização da escola, da oferta de educação.

Assim, podemos entender que assumem formas diversas os modos de realização do processo de inclusão escolar e de posição em relação à presença desses alunos na escola. As escolas (e nelas, seus professores) posicionam-se de forma que vão do compromisso docente à explicitação da recusa — *"Esse problema* (a professora refere-se à presença de alunos com deficiência na escola) *não é do professor"* —, passando pela silente (e eloquente) omissão perante à questão, pelas formas discutíveis de adesão à proposta e ao que ela significa, até a adesão crítica, reflexiva, do que o processo representa e exige para a e da educação escolar. Todas essas posições (ou parte delas), de caráter político, podem

---

6. Ver Política Nacional de Educação Especial na Revista *Inclusão*: Revista *Educação especial,* Brasília, MEC/SEESP, v. 4, n. 1. p. 1-61. jan./jun. 2008. p. 8-17.

coexistir em uma mesma escola, como resultantes da disseminação dos princípios de educação inclusiva e do que o enseja e dele resulta. Todas demarcam um lugar social, ideológico, de poder que se explicita nas formas de fazer. Quando a professora do acontecimento relatado afirmou que tratava-se de uma questão política, como se isso a isentasse, talvez ela tenha pensado na política como algo dissociado de suas ações pessoais/profissionais; e, embora sua fala aponte para o fato de não estarmos tratando de um tema ou problema meramente escolar, ou ainda de algo específico da educação especial, algo que se defina e conclua apenas pelo acesso da população com deficiência aos espaços escolares, precisamos estar atentos, pensar que a questão é política porque concerne à vida de cada um e de todos. Somos todos responsáveis pelo exercício, por todos, do direito à educação escolar de qualidade, à cultura e aos bens materiais, direito que se efetiva sob condições sociais, políticas e econômicas que ultrapassam o âmbito da educação escolar, mas também implica nossas individualidades, nossas ações, a qualidade de compromisso que assumimos com o outro. A questão é nossa porque é política.

A fala da professora nos remete aos conflitos e às tensões que também integram não apenas os processos de inclusão de alunos com deficiências, mas também as faltas há muito denunciadas, já tomadas como intrínsecas à escola, ao mesmo tempo contestadas e *naturalizadas*, relativas às precárias condições de trabalho docente em nosso país. Remete às condições de trabalho: "[...] Nós não temos condições de dar conta desses alunos. Nós não temos condições de dar conta nem dos outros. Professor trabalha muito. Tem muita aula. Dá muita aula. Não dá tempo. Não é porque não quer. É porque não pode [...]." A professora elenca problemas como o número desproporcional de alunos sem deficiência por grupo, os tempos que organizam a rotina diária de trabalho, as condições de ação docente, como a duplicação ou triplicação dos turnos de trabalho, entre outras coisas. Indiretamente, refere-se aos modos de organização da escola, bem como às suas condições de trabalho.

A implementação das proposições legais e pedagógicas para o atendimento escolar aos alunos com deficiência articula-se às atuais formas de organização do sistema educacional, contrastando com as condições de trabalho que nem sempre correspondem às prescrições oficiais que levariam a cabo tais propostas. Nesse cenário, a ampliação de vagas também não tem relação direta com a ampliação de qualidade das condições de atendimento e serviços: o trabalho do professor continua a ser mal-remunerado e pouco valorizado, os projetos de formação continuada nem sempre correspondem aos anseios e às necessidades de educadores e educandos e, a despeito de sua qualidade, podem ser tomados pelos educadores, como mais uma exigência a ser cumprida a *contragosto*.

Voltando à fala da professora, podemos retomar a referência à dimensão política e à atribuição do problema a instâncias superiores, quando ela questiona: "*Você acha que lá em Brasília tem alguém preocupado, pensando se eles aprendem ou não aprendem?*". A suposição de desconsideração do Estado (alguém lá em Brasília) quanto às formas de encaminhamento dado à questão, no contexto da escola, pode ser respondida pela análise feita por Laplane e Prieto (2010) do Eixo VI dos documentos preparatórios da Conferência Brasileira de Educação (Conae), que ocorreu em Brasília em março de 2010, para a formulação do Plano Nacional de Educação (PNE) para a próxima década (2011-2020).

Conforme a análise referida, os princípios de justiça social, educação e trabalho, inclusão, diversidade e igualdade perpassam todo o documento, sendo o eixo VI transversal aos demais cinco eixos constitutivos da conferência, a qual, tendo como meta a discussão de um plano decenal que visa à construção de um sistema articulado de educação, "apregoa a mobilização nacional pela qualidade e valorização da educação na perspectiva da inclusão, da igualdade e da diversidade" e a "sistematização de propostas para políticas de Estado que expressem a efetivação do direito social à educação".

Para as autoras, a análise "mostra que nas últimas décadas houve um aumento da visibilidade dos temas do eixo, o que reflete a sua presença maciça na formulação de princípios e metas para a próxima década", ou seja, há uma reiteração dos direitos desses grupos e das ações destinadas a lhes garantir acesso a bens e serviços sociais e destacam a emergência de mudanças nos modos de pensar o direito à educação. A preocupação com os sujeitos e grupos-alvo do Eixo VI está presente, é discutida e priorizada por representantes do governo e da sociedade civil, por educadores e pesquisadores, por representantes de municípios, Estados e instituições que integram a conferência.

> Evidencia-se, assim, a difusão de uma visão que, ao menos no plano da enunciação, admite a necessidade de trabalhar com as diferenças em todos os níveis e todas as modalidades do ensino, de reconhecer e valorizar a diversidade, de transformar os sistemas educacionais em inclusivos, de formar professores na perspectiva da inclusão, de estudar e difundir conhecimento sobre todos os temas que dizem respeito às diferenças, de alocar recursos financeiros de maneira diferenciada, de acordo com prioridades preestabelecidas, e de atender toda a demanda educacional em instituições públicas. (Laplane e Prieto, 2010, p. 925)

Afirmações semelhantes à da professora são recorrentes, por isso é preciso compreender que não se trata de desconsideração do Estado, mas do quê e de como o Estado *considera*. Ao longo da última década, a posição do Estado frente à inclusão de crianças com deficiência em escolas regulares tem sido problematizada em vários aspectos e diversas perspectivas. Como exemplo, podemos nos referir a Mendes (2006), que discute a legitimidade de um movimento imposto pela legislação, instituído pelo uso de argumentos mais jurídicos; Skliar (2001), que aponta

O PROFESSOR E O ALUNO COM DEFICIÊNCIA   97

para um processo *excluidor* dos movimentos sociais, pela pressuposição dos sujeitos da educação como meros instrumentos de mudança, sem que se questione o significado político de tais mudanças, os discursos e as práticas hegemônicas em Educação; Ferreira e Ferreira (2004) destacam a relação dessas políticas e práticas com a necessidade de melhoria de indicadores nacionais sociais e educacionais frente à comunidade internacional. Bueno e Kassar (2004), Góes (2004) e Laplane (2004a e 2004b e 2006), entre outros, ressaltam a dimensão política do tema, as relações entre o poder público e as instituições privadas, entre a lógica de mercado (de custo-benefício) e as formas como políticas e práticas vão se disseminando e definindo para o atendimento escolar aos alunos com deficiência.

Arruda, Kassar e Benatti (2007, p. 29) levantam a necessidade de considerar o barateamento na ampliação do atendimento educacional como um possível orientador das ações do governo brasileiro, o que conduz à precarização já apontada, conforme as autoras, "em documentos oficiais e objeto de inúmeras avaliações" e que "tem se constituído em característica do sistema de ensino regular, bem antes da inserção de alunos com necessidades educativas especiais". Essa possibilidade conduz as autoras a indagarem sobre a qualidade de educação pretendida pelo Estado, sobre a competência técnica do Estado para avaliar o impacto de um programa de educação inclusiva. Apontando diversos autores que discutem o tema e o que esses sugerem, elas concluem que, "em função de condições históricas do capitalismo monopolista, a escola atende a necessidades específicas: segurança, alimentação, saúde etc. Se são essas as necessidades que a escola deve atender, tornam-se menos importantes a identificação de necessidades educativas especiais e a preocupação com a aprendizagem".

A discussão sobre os limites e avanços relacionados à ação estatal e às contradições que as caracterizam nos permite concordar com a professora quanto à dimensão política da questão, mas discordar quanto à perspectiva de política e o que essa abrange. Trata-se de uma questão política, e, como tal, a inclusão escolar é algo da alçada dos cidadãos, tanto dos que se ocupam dos cargos e assuntos públicos, os representantes do povo "lá de Brasília", quanto de cada um de nós, o povo. É política enquanto posição assumida por cada um de nós, educadores, na escola, a partir da escolha profissional que exercemos, das posições que assumimos frente aos nossos alunos. É política a forma pela qual cada estado, município, escola e professor da federação vai ao encontro da (ou de encontro a) questão.

A fala da professora dimensiona as múltiplas formas de compreensão e enfrentamento/realização na escola, do que o discurso oficial promulga. A escola enquanto instituição oficial detém em seu funcionamento o antagonismo, a tensão entre interesses e forças diversos, (re)produzindo as formas de relação social com o tema. A professora fala *sobre* e *da* escola como espaço socialmente instituído para a educação "escolar", a prática de caráter social. Sua fala integra constatação, recusa, indignação, preocupação. É ao mesmo tempo (im)pertinente, (des)proposi- tada, (des)compromissada se pensamos que ultrapassa as questões atinentes à presença desses alunos, mas diz da escola, das condi- ções de ser professora de todos os alunos. Evidencia que no processo de escolarização tem lugar a tensão entre a transmissão e a criação, entre o ensinar e o aprender, entre interesses e forças diversos que definem o que, quando, como, por que e para quem transmitir, ensinar, e por isso, mesmo quando suas formas de organização respondem às demandas oficiais e estão colocadas a serviço dos interesses do Estado, sua ação pode não consistir no cumprimento do que se demanda, promulga, delibera, decreta.

Concordando com o fato de que cada escola deve buscar a melhor forma de definir princípios e modos de realização da inclusão escolar, respondendo às exigências legais de acordo com sua realidade e necessidade social (história e cultural), deve-se reconhecer que a diversidade se impõe na efetivação da inclusão escolar de alunos com deficiência, ou seja, que são muitas as formas assumidas pelas preconizações oficiais no processo de sua implementação. Esse reconhecimento exige também a consideração de que na emergência de inúmeras possibilidades de relação da escola com esse aluno podem ocorrer tanto a aproximação quanto o distanciamento dos princípios e dos objetivos políticos e pedagógicos que dão forma ao projeto inclusivo, o que em parte explica a (in)consistência de sua efetivação.

Pode-se, então, entender que o que se define como inclusão escolar é contingenciado tanto pelos modos como os estados e municípios assumem as preconizações oriundas de âmbito federal quanto pelos modos como as escolas ressignificam as determinações e condições estabelecidas pelos órgãos normativos, destacando-se os modos como os professores respondem, individual ou coletivamente, a essas demandas, posicionando-se diante desse aluno.

Modos de conceber/fazer o aluno: a conceituação de deficiência no discurso oficial

Atualmente, no Brasil, os documentos oficiais adotam a definição de deficiência apresentada pelo Código Internacional de Funcionalidade (CIF, 2001) da Organização Mundial de Saúde (OMS), segundo o qual a deficiência é compreendida como "problemas na função ou estrutura corporal, tais como um desvio ou [uma] perda significativos". O que, ainda, conforme a mesma fonte, pode ser entendido como "problemas nas funções fisiológicas ou psicológicas dos sistemas do corpo" ou "nas partes anatômicas, tais como órgãos, membros e outros componentes" de estrutura. Problemas que levam a (des)funcionalidades frente ao desempenho de ações, a limitações de atividades e restrições à participação, ao desempenho.

Avançando na forma de definir a deficiência a partir da consideração dos fatores contextuais (sociais e físicos) implicados em sua expressão, ou seja, na expressão dos "problemas dos sistemas do corpo", a CIF demarca a diferença entre deficiência e incapacidade, relacionando a primeira às alterações no nível do corpo, o qual integra os âmbitos de estrutura e função em sua relação com o contexto, na realização de ações individuais e sociais, e referindo-se à segunda como algo mais abrangente, que dimensiona-se como

> [...] os aspectos negativos da interação entre um indivíduo (com uma determinada condição de saúde) e seus fatores contextuais (fatores ambientais ou pessoais) [...] Um indivíduo pode apresentar uma deficiência (no nível do corpo) e não necessariamente viver qualquer tipo de incapacidade. De modo oposto, uma pessoa pode viver a incapacidade sem ter nenhuma deficiência, apenas em razão de estigma ou preconceito (barreira de atitude). (Di Nubila e Buchalla, 2008, p. 324-35)

Conforme Di Nubila e Buchalla (2008), de acordo com o CIF, os fatores externos ao indivíduo podem ter influência positiva ou negativa sobre a sua participação como um membro da sociedade, no desempenho de atividades ou mesmo sobre alguma função ou estrutura corporal, e os fatores pessoais, que ainda não são detalhados na CIF, correspondem às características individuais de cada pessoa e, não sendo parte de uma condição de saúde ou estado de saúde, influem na maneira como o indivíduo lida com a doença e suas consequências. Os fatores pessoais envolvem raça, gênero, idade, nível educacional, experiências, estilo de vida, aptidões, outras condições de saúde, preparo físico, hábitos, modos de enfrentamento, condição ou nível social, profissão e mesmo a experiência passada e a atual.

Em suma, segundo os autores anteriormente citados, enquanto a CID-10 fornece um "diagnóstico" de doenças, distúrbios ou outras condições de saúde, a CIF fornece informações adicionais e complementares sobre funcionalidade. Em conjunto, essas informações sobre o diagnóstico e sobre a sua funcio-

O PROFESSOR E O ALUNO COM DEFICIÊNCIA   101

nalidade resultam da perspectiva da OMS, em maiores possibilidades de descrição do estado de saúde de pessoas ou de
populações, na sua captura na relação com o contexto.

Tendo como base essa definição, atualmente, no Brasil, no
âmbito das políticas educacionais promulgadas pelo MEC,
consideram-se como pessoas com deficiência as crianças, objeto
da educação especial, os jovens e adultos que têm como condição
definidora de seu desenvolvimento a deficiência intelectual, a
cegueira ou os distúrbios da visão, a surdez ou os déficits de
audição, a deficiência física, os transtornos globais do desenvolvimento. São esses alunos, com essas características, a quem a
professora se refere ao dizer que "*eles* [ela refere-se aos alunos]
não conseguem, eles têm de estar em um lugar especial", opondo-se
ao que determina a legislação que estabelece que tais alunos
podem e devem preferencialmente receber a educação escolar
nas instituições comuns de ensino, em todos os seus níveis e
todas as modalidades.

Sem referir-se à deficiência ou às deficiências, a fala da
professora alude aos alunos e indiretamente à condição de deficiência como impeditiva do trabalho escolar que eles, os professores, devem desempenhar, desenvolver. Quem são os alunos
referidos? Que condição os impede? O que faz com que não
possam — da perspectiva dos educadores — estar na escola,
aprender, se escolarizar, se desenvolver? O que impede, da perspectiva dos professores, o trabalho docente?

A referência à necessidade de consideração da dimensão
externa ao sujeito, do contexto e mesmo das influências sociais
na constituição das deficiências é enfatizada nas preconizações
mais recentes sobre a inclusão escolar. A política nacional de
educação especial na perspectiva da educação inclusiva ressalta

O conceito de necessidades educacionais especiais, que passa a ser
amplamente disseminado a partir dessa Declaração, ressalta a interação das características individuais dos alunos com o ambiente

educacional e social, a necessidade de consideração da dimensão externa ao sujeito, do contexto, e mesmo das influências sociais, chamando a atenção do ensino regular para o desafio de atender às diferenças. (Brasil, 1997, p. 15)

A necessidade de consideração da dimensão externa ao sujeito, do contexto de sua inserção e constituição nos remete a toda a argumentação empreendida quando tentamos dar visibilidade aos fios sociais, econômicos, políticos e culturais, historicamente entretecidos, que dão forma à posição que a professora expressa em sua fala sobre esses alunos.

Diferentemente do documento oficial acima citado, que aponta para a "necessidade de consideração da dimensão externa ao sujeito, do contexto" e de suas influências sociais, buscamos explicitar e ressaltar o caráter interconstitutivo dessas dimensões aí definidas como interna/individual-externa/social, na elaboração dos modos de fazer e ser dos sujeitos envolvidos nesse processo, de crianças e adultos, alunos e educadores envolvidos em relações que dão forma ao seu meio, um meio humano e social, histórico e cultural (Vigotski, 2010; Pino, 2010) e, por isso, contraditório e em permanente transformação. É nesse meio que emergem as mais diversas formas de preconização, concepção e discussão da questão da educação inclusiva e ganham forma, por parte dos educadores, frente ao processo de inclusão escolar de alunos com deficiência as mais diversas posições: de interesse, de preocupação, de (in)tolerância, de recusa, de responsabilização, de engajamento crítico etc. Dessa forma, não é possível falar em processos homogêneos quando buscamos entender e explicar como o professor coloca-se diante desse aluno.

Na consideração dos modos de ser e agir, de se desenvolver e aprender, na constituição dos sujeitos como um processo social, ressalta-se a importância de consideração das individualidades, dos modos singulares de ensinar e aprender, de definir o igual e o diferente, de posicionar-se frente ao que é oficial e coletivamente posto, pressuposto e imposto.

3

A história de Beth e Alice:
quando a presença de alunos com deficiência na escola é um desafio

É como parte e resultado da complexa rede de elaboração de conhecimentos e de preconizações, de disseminação e assunção dos princípios e das diretrizes que o debate em torno do tema educação inclusiva ganhou (e ganha) forma. Nesse debate não se questiona a legitimidade do *direito de todos à educação*. O que se coloca em questão são as condições de atendimento educacional às inúmeras e diversas demandas oriundas de todos aqueles que, ao longo da nossa história, têm aumentado as estatísticas do que denominamos fracasso escolar, e busca-se, pelo esforço de entendimento e pela explicitação das contradições constitutivas do processo de inclusão escolar, entender, discutir e superar as inúmeras dificuldades que comumente marcam a sua efetivação na escola.

Como tentamos explicitar, a discussão em torno do tema, que ora se restringe ao *maniqueísmo ingênuo* das posições pró ou contra a inclusão escolar, ora o ultrapassa, caracterizando-se por situar o tema no campo das relações históricas, políticas e econômicas que o contingenciam, deve ser compreendida como parte da dinâmica social que o dimensiona. Os educadores não estão imunes a essa discussão, nela e com ela constroem suas formas de conceber os alunos e a educação inclusiva, e suas posições frente ao tema. Juntamente com pesquisadores, representantes da sociedade civil organizada, legisladores, representantes do governo, entre outros, argumentam pela necessidade de construção social de maiores e melhores condições de participação social de pessoas com deficiência, compreendendo a inclusão escolar como parte, ainda que fundamental, de um processo mais amplo, discutindo as atuais condições estatais e sociais para o cumprimento dos direitos constitucionais e de medidas legais que expressem as necessidades coletivas.

Esse debate tem eco junto aos órgãos oficiais de educação e exerce um papel importante na produção das mudanças legais, pequenas e grandes, coerentes ou não, já referidas. Problematiza o que é oficialmente proposto, fazendo ver aspectos e necessidades desconsideradas, exigindo mudanças, apontando para a redefinição de temas, termos e formas de intervenção. O debate em torno do tema explicita as forças sociais em luta e como, nesse processo, uma diversidade de princípios e de proposições quanto à condução da relação educação-pessoa com deficiência foi (e continua sendo) forjada; princípios e proposições que, pelo que mostram os autores referidos, a introdução à história da educação especial e a argumentação até aqui empreendida, não atingem a totalidade da escola, dos professores e alunos com deficiências, onde e para quem outros princípios e outras formas de intervir vigoram.

Socialmente significadas, contingenciadas pela história e pela cultura que consubstanciam sua emergência na escola, as formas de lidar com esses alunos, as oficialmente propostas e as que a elas se opõem nos dizem sobre o que os educadores aprenderam e aprendem, em sua formação, sobre as pessoas com deficiências; mostram-nos o que escolas e educadores sabem, reproduzem, superam (ou não), dizem sobre os alunos;

dizem-nos sobre como o discurso oficial se impõe ou é recusado pela escola.

Pesquisas que contribuem para esse debate apontam que os avanços legais e as correlatas proposições pedagógicas atuais não são ainda suficientes para uma posição mais profícua perante esses alunos. Nossas experiências têm nos permitido a observação da, o convívio com e a discussão sobre a criação das mais diversas formas de estratégia por parte da escola e dos educadores. Muitas vezes, lidando com esses alunos, a escola conduz essas relações, o seu trabalho, de forma que beneficia seu desenvolvimento, amplia suas possibilidades de participação e escolarização; outras vezes, perde de vista sua função escolar, ignora a própria implicação no ato educativo, o seu protagonismo nos resultados desse processo que chama de inclusão, compreendendo-o como produto da ação deficitária, de um aluno deficiente. Assim, muitas vezes, constata-, mos que o trabalho escolar integra muito mais que dúvidas e questionamentos, pressupostos que, no plano do discurso circulante, há muito estão superados, concepções restritivas acerca da deficiência e das pessoas que as têm como condição constitutiva, concepções que limitam sua educação e seu desenvolvimento.

Pensamos que em tempos de "prescrição" dos princípios de inclusão escolar, ainda é possível falar em aprender, flagrar-se em um estado de aprendizagem perante esses alunos. Acreditamos que há muito que aprender, ainda que argumente-se que uma escola que se propõe inclusiva educa, trata, lida com todos de forma igual, o que, por sua vez, pode conduzir à suposição de que não há o que aprender de novo.

É com o intuito de apontar o que precisa ainda ser revisto, aprendido, que iniciamos essa reflexão sobre a necessidade de pensar mais, de repensar, sobre nossas posições frente ao tema, visto que, mais que do professor, devemos falar do campo da educação e da forma como nele a questão é tratada.

Nessa perspectiva, convém retomar considerações expressas pelo Documento Subsidiário à Política de Inclusão do Ministério da Educação e da Secretaria de Educação Especial, o qual, ao discutir a posição atribuída ao professor, nos rumos de implementação do processo, aponta para elementos que restringem, de modo maniqueísta, a questão. Segundo o documento:

> Um pressuposto frequente nas políticas relativas à inclusão supõe um processo sustentado unicamente pelo professor, no qual o trabalho do mesmo é concebido como o responsável pelo seu sucesso ou fracasso. [...] Uma política educativa que afirme que sobre o professor recaem as esperanças de melhoria da educação brasileira tem como único efeito situar o professor frente a um ideal que adquire mais a dimensão de um "fardo" a ser carregado solitariamente que de uma possibilidade a ser concretamente alcançada. Esta situação é facilmente verificável através das inúmeras queixas veiculadas pelos professores, muitas vezes impotentes, diante das dificuldades para atender a diversidade de seus alunos. (Brasil, 2005, p. 8)

À época de sua elaboração, em 2005, discutindo o papel atribuído ao professor nesse processo, o documento invoca uma série de questões, tais como os limites de ação desse profissional frente à "complexidade de questões que seus alunos colocam em jogo" e à proposta de constituição de uma equipe interdisciplinar "que permita pensar o trabalho educativo desde os diversos campos do conhecimento" vista como fundamental para compor uma prática inclusiva "junto ao professor". O documento discute, ainda, propostas alternativas, levantando os problemas que essas ensejam, tais como a recorrência ao auxílio de um professor especialista ou a uma equipe de apoio pedagógico, considerada quando o professor esgotar, sem sucesso, todos os seus procedimentos. Desse modo, problematiza o fato de essas propostas considerarem a intervenção desse professor especialista, assim como da equipe de apoio pedagógico, como alternativas apenas para alunos com dificuldades extremas em relação à aprendizagem e, "não raro", ser apontada como um último recurso, em vez de "estar desde o princípio acompanhando o trabalho do professor com toda a turma".

O documento aponta, por fim, para os riscos de restrição do papel da escola regular ao "encaminhamento para serviços outros que, via de regra, só reforçam a individualização do problema" e sua desresponsabilização em relação às dificuldades do aluno, concorrendo para a divisão dos alunos em mais ou menos necessitados de intervenção especializada, acentuando dificuldades de inserção no grupo (escolar), desconsiderando-se, assim, o papel desempenhado pelo grupo nos processos de inclusão. O documento alerta para o fato de que "uma proposta baseada em tal concepção caminha na contramão do processo de inclusão", assim como o fazem as metodologias que preconizam a individualização do ensino através de planos específicos de aprendizagem para o aluno, remetendo as discussões sobre o currículo e sua flexibilização a proposições de planos específicos só para o aluno com deficiência, advertindo que essa pode ser uma forma de enfatizar os processos de exclusão dentro da escola, visto que "levar em conta a diversidade não implica em fazer um currículo individual paralelo para alguns alunos".

Desse modo, podemos observar que o documento citado, elaborado com o intuito de oferecer subsídios para a elaboração da Política Nacional de Educação Especial na perspectiva da inclusão (Brasil, 2007), constrói a crítica à responsabilização do professor, refletindo sobre a (im)possibilidade de consideração do que se define como especial, na perspectiva da educação inclusiva, de forma dissociada do regular, apontando para problemas intrínsecos ao sistema escolar e, nesse contexto, apontando e problematizando o caráter excludente, paliativo e contraditório que essas propostas, alternativas à época de sua elaboração, podem assumir, frente aos princípios norteadores de uma educação inclusiva.

Ao referir-se, por exemplo, aos limites de ação do professor frente à "complexidade de questões que seus alunos colocam em jogo", o documento (apenas um subsídio) reitera a ideia de que a presença desse aluno na escola desencadeia — suscita — problemas.

Dessa forma, expressa contradições e limites das discussões que embasaram a política que hoje vigora no que concerne aos modos de consideração da dimensão social, como definidora dos processos de ensino, aprendizagem e desenvolvimento que têm lugar na escola. A discussão não aponta para o fato de as propostas — que reitera ou refuta — desconsiderarem, de forma acrítica, a dimensão social (histórica, cultural, ideológica) das práticas inclusivas, dimensão que define as condições e os modos como os professores e alunos nelas se relacionam, inclusive sua (des)responsabilização frente aos alunos e ao processo de inclusão.

Decorridos seis anos após as reorganizações suscitadas pela nova política de educação especial (Brasil, 1997), não podemos deixar de questionar: como as advertências e as reflexões do documento subsidiário foram incorporadas? Em quais dos riscos, apontados pelo documento, estão incorrendo (ou não), na atualidade, os sistemas de ensino — especial e comum —, dados os modos de implementação do atendimento educacional especializado? Como as propostas, antes alternativas, foram organizadas como oficiais e as prescrições atualmente *em implementação* definem (ou têm suscitado) modos *novos* de atendimento e generalizadores de designação desses alunos, tais como "alunos com necessidades educacionais especiais", "alunos de inclusão", "alunos em situação de deficiência"? Modos esses que não acarretam diferenças frente ao que para eles é oferecido quando, ainda, a relação pretendida entre esses sistemas de ensino, embora objetive a consideração das especificidades que os caracterizam, não se materializa de maneira que contribua para o seu desenvolvimento nas práticas escolares.

A crítica à responsabilização e idealização do professor em relação ao processo, Góes (2004), discutindo as dificuldades dos professores frente a esses alunos, acrescenta que essas dificuldades relacionam-se ao fato de os projetos pedagógicos não serem realmente afetados pela presença desses alunos, cabendo ao professor explorar, sozinho, as possibilidades de adaptações, de ajustes.

Dessa forma, mesmo quando engajados no projeto de inclusão escolar desses alunos, nem sempre contam com uma posição por parte dos sistemas de ensino que possa ser definida como coerente, constante, que leve a efeito o que o discurso oficial estabelece, que, em muitos casos, conduz os professores a atuarem sozinhos, a assumirem de forma pessoal papéis e responsabilidades que são de natureza coletiva, pública, que são do sistema, concorrendo, assim, para que o sistema se desresponsabilize por esses alunos.

Assim, quando a escola e, dentro dela, os professores indagam sobre como conduzir o trabalho com esses alunos, suas perguntas relacionam-se a pressupostos, a saberes que implicam concepções sobre a deficiência, sobre a educação e sobre a ação educacional nos processos de desenvolvimento articulados àquela. Quando questionam políticas e práticas de inclusão e seu impacto sobre a escola, além da dificuldade de analisar, como já discutido, a política inclusiva, no que se refere à sua gênese histórica e ao ideário que a sustenta, os professores também nos falam da dificuldade social de desconstrução de uma concepção de deficiência,que podemos descrever como organicista e naturalizadora assim definida como causa e resultado de um desenvolvimento deficitário, anormal e impeditivo do processo de desenvolvimento e, consequentemente, dos processos de ensino e aprendizagem, colocando sob suspeita os sujeitos envolvidos em sua realização, visto que a suposição de incapacidade dos alunos torna incapaz o professor e a escola, ineficaz a sua ação.

Para Carvalho (1995, 2006), parte das limitações que caracterizam nossas práticas educacionais em relação a esses alunos relaciona-se às formas como nossa sociedade e a escola, como parte dela, ainda concebem o desenvolvimento humano vinculado a alguma forma de deficiência. Embora sejam enormes os avanços ocorridos nas últimas décadas no Brasil e no mundo, em termos de uma maior inclusão social dessa população, ainda convivemos com a ideia da deficiência como problema de saúde, como condição apenas organicamente definida, o que conduz à ideia de deficiência como doença, como condição socialmente restritiva e impeditiva de desenvolvimento. É do âmbito desse entendimento que resulta a necessidade de desnaturalização da deficiência, de compreensão da construção social dos modos de sua expressão como indissociáveis dos modos sociais de sua significação, necessidade que se relaciona diretamente à questão da (trans)formação dos profissionais da educação para o trabalho com todos os alunos, inclusive os que têm alguma forma de deficiência como condição constitutiva de seu desenvolvimento.

A ideia de que os modos de conceber a deficiência perpassam as posições assumidas pelos educadores — seja como participantes do processo de inclusão ou de sua discussão — nos conduz à necessidade de entender e discutir também os nossos modos de conceber os processos de aprendizagem e desenvolvimento humano na existência de deficiências, de compreender como fazemos nossas funções e ações socialmente constituídas, compreender a deficiência como fenômeno físico-psíquico, como uma construção social.

> Conhecer o fenômeno psicológico significa conhecer a expressão subjetiva de um mundo objetivo/coletivo; um fenômeno que se constitui em um processo de conversão do social em individual; de construção interna dos elementos e das atividades do mundo externo. Conhecê-lo desta forma significa retirá-lo de um campo abstrato e idealista e dar a ele uma base material vigorosa. (Bock, 2007, p. 67)

Para Carvalho (2004), é preciso compreender o papel desempenhado pelos fatores de ordem social na produção do que se institui como uma posição desigual e desabonadora dos alunos com deficiência, sobretudo ao ser definida pela escola como *deficitária, incapacitante, anormal*. É com o intuito de refletir sobre a construção social da deficiência que introduziremos o relato de uma situação na qual os modos de relação escola-professor-aluno permitem adensar e ampliar a discussão até aqui

O PROFESSOR E O ALUNO COM DEFICIÊNCIA   111

empreendida, buscando compreender e explicar como, socialmente (histórica e culturalmente), as possibilidades de ensino e
aprendizagem ganham forma e significado, concorrendo para a
transformação dos sujeitos nela envolvidos.

O professor e o aluno com deficiência na escola: *a história* de Beth e Alice[1]

> Para onde vou-me daqui?
>
> Lewis Carrol

*Beth é uma professora de Educação Infantil da rede pública
de ensino, em São Paulo. Em 2004, ela recebeu em sua sala uma
aluna de 4 anos, Alice. Sem diagnóstico definido, a criança apre-
sentava uma série de dificuldades. Ao longo de todo o primeiro semestre, a professora tentou contribuir para o desenvolvimento de sua
aluna. Além de tudo o que fazia, enquanto elas estavam juntas na
escola, ela começou a estudar procurando entender o que diferen-
ciava Alice das outras crianças, assim como também o que definia
a presença daquela criança na escola, em que consistia o que se
designava como inclusão escolar. Beth queria saber como fazer,
procurava métodos e respostas. Seu interesse a fez voltar a estudar
para buscar uma formação que lhe permitisse tratar do tema.*

*Durante o primeiro semestre de convívio com a aluna, a prin-
cipal preocupação de Beth relacionava-se ao fato de Alice não saber*

---

1. Carvalho, M. F. (2005, 2006). A história de "Beth" e "Alice" ocorreu e foi registrada em
2004. Foi por nós acompanhada e aprendida durante o processo de orientação de uma mono-
grafia em um Curso de Especialização em Educação Especial, em uma instituição privada de
ensino. Na versão aqui adaptada, embora a essência da história seja mantida, além dos nomes
fictícios, aspectos da história foram modificados, visando a preservar a professora e a criança,
assim como trazer à tona e enfatizar fatores relativos à discussão pretendida. As duas publicações
tiveram edições limitadas e sem ISBN, o que nos faz considerar, nesta oportunidade, a importância de retomada da situação, revista e discutida.

falar, não se comunicar oralmente, usar poucos gestos e permanecer muito quieta. Além disso, preocupava-se com o fato de a família, mais especificamente a mãe de Alice, recusar-se a conversar sobre as limitações que se expressavam no desenvolvimento da criança, constituindo problemas escolares e restringindo as possibilidades de ação da professora, que, não podendo conversar com a família, não podia conhecer mais a criança e sugerir outras modalidades de atendimento necessárias ao seu desenvolvimento, como um acompanhamento fonoaudiológico, um acompanhamento terapêutico etc.

Principalmente, a professora sentia-se só e desamparada perante o desafio de trabalhar com uma criança que se mostrava insegura, que chorava, não sabia ir ao banheiro, não fazia o que ela propunha para os outros alunos etc. Quando recorria à direção e à orientação pedagógica da instituição onde trabalhava, em vez de ajuda, encontrava opiniões que aumentavam suas dúvidas e sua insegurança quanto às possibilidades de ação, suas e da criança. Ouvia, por exemplo:

— "Você está perdendo seu tempo, não se angustie, eles são assim mesmo."

— "Essa criança tem de ir para uma escola especial."

Antes da matrícula de Alice, a escola já havia recebido alunos com deficiência, à época designados como crianças com necessidades educacionais especiais, mas o diálogo sobre sua presença e seus modos de enfrentamento das questões relacionadas à sua (dos alunos) inclusão havia se limitado às constatações das diferenças das crianças, quase sempre percebidas como negativas e impeditivas, à queixa referente à sua presença em um espaço definido para alunos "normais" e à constatação da incapacidade de lidar com eles.

Ao mesmo tempo, e nessas condições adversas e dentro delas, durante todo o semestre, Beth constatou mudanças em Alice: um pouco mais de atenção, interesse e receptividade ao que ela (a professora) propunha e acontecia na sala. E finalmente, também, aos poucos, Alice começava a participar das atividades. Durante esse mesmo período, Beth percebeu que a situação não era adversa em todos os aspectos, descobriu que a escola tinha um acervo de livros — de materiais — sobre o tema que ela nunca havia consultado, que lá ela podia encontrar o material bibliográfico indicado em seu novo curso. Então ela começou a se utilizar desses livros na escola para estudar.

Durante o semestre, estudando, conversando sobre o tema, a professora compreendeu que, embora apresentasse dificuldades de fala, a criança se comunicava. Diferentemente da época em que a criança chegou à escola, quando, fazendo eco ao que pensavam seus colegas e a coordenação, afirmava que a criança não se comunicava e, por isso, ela (a professora) não podia saber o que ela (a criança) queria, sentia etc., reconheceu que, ao chorar, se agarrar às suas pernas, fixar ou desviar o olhar, se distanciar ou aproximar-se dela ou das outras crianças, ela (a criança) estava se comunicando, se expressando por meio da sua própria forma de participar.

No princípio de junho, a professora afirmou entusiasmada que Alice estava começando a falar. Pouco depois, antes de as férias começarem, relatou que a criança, na hora de ir para casa, dirigia-se a ela (a professora) para dar "tchau", agitando a mão.

Antes das férias de julho, a professora foi surpreendida pela visita da mãe à escola. A mãe estava preocupada com as mudanças da filha. Afirmava não querer mais que Alice permanecesse na escola. Dizia que a menina estava muito inquieta, voluntariosa, desobediente. A filha havia mudado muito! Quando indagada pela professora sobre como era essa inquietude, essa desobediência, a mãe explicou que, agora, a criança gritava e falava o tempo todo, não parava quieta e, principalmente, na Igreja que a família frequentava, não ficava mais quieta, "bem comportada", como fazia anteriormente. Corria, dirigia-se às outras pessoas e não obedecia aos apelos dos adultos. Só queria fazer o que tinha vontade.

Enquanto a professora tentava explicar para a mãe o que estava acontecendo com a criança, buscando fazê-la perceber que todas essas mudanças eram positivas, pois significavam que ela estava se desenvolvendo, agindo como as crianças de sua idade, a fala da coordenadora da escola sobrepôs-se à sua, reiterando as preocupações da mãe, enfatizando as necessidades especiais da criança e sugerindo que o melhor para Alice era mesmo sair da escola e ir para uma instituição especializada de ensino. Os argumentos da coordenadora — tanto pelo fato de irem na mesma direção como também por partirem de alguém que tinha uma posição privilegiada na escola — pareciam à mãe mais aceitáveis e confiáveis. Nessa perspectiva, a criança provavelmente sairia da escola sem que a professora, pudesse fazer valer seus argumentos.

A professora ficou desolada. Havia trabalhado o semestre inteiro para que a criança se desenvolvesse, falasse, aprendesse; no entanto, de repente, a mãe e a escola achavam que tudo isso não era bom, não era adequado ou, no dizer de Smolka (2000), tornava-se "impertinente". Recorrendo às leituras que já havia feito, ao que já havia estudado, consultou os professores de seu curso de especialização e a legislação e resolveu conversar com a coordenadora e com a direção. Deixou bem claro que, conforme a legislação, a posição da mãe não devia ser respaldada pela escola que, dessa forma, estaria infringindo a lei, indo de encontro ao projeto político-pedagógico de inclusão escolar, assumido pela Secretaria de Educação do Município.

A professora Beth venceu o confronto com a coordenação/direção da escola, conquistou a confiança da mãe/família, e a criança permaneceu na escola, avançando em relação a vários aspectos de seu desenvolvimento. Com a ajuda de algumas — não de todas — crianças do grupo, a professora buscava o tempo todo contribuir para sua socialização. Sem perder de vista aspectos dos objetivos de ensino e aprendizagem, atentava, por exemplo, para a emergência de ações de imitação como indício do desenvolvimento psíquico da criança, como proposto por Vigotski (1998).

Entretanto, enquanto Alice fazia amigos, o confronto com a coordenação rendeu à professora mais antipatias que simpatias entre os colegas. Apesar disso, ela não se intimidou e tentou compartilhar com seu grupo o que estudava e aprendia. Colocou nas

O PROFESSOR E O ALUNO COM DEFICIÊNCIA 115

reuniões a necessidade de estudar a questão, de compreender o que é a inclusão escolar, e discutir a situação das crianças com deficiência incluídas na escola, de compartilhar dúvidas e trocar experiências. Como resultado, a coordenadora e algumas colegas assumiram uma postura resistente e irônica em relação à Beth. Diziam que ela queria ser a "madre Tereza de Calcutá da escola", que sua postura, ao citar leis e ao sugerir textos, era "pedante", que Beth estava muito "metida".

Porém — não mais sozinha — a professora e os colegas interessados, receptivos às suas preocupações com o tema, seguiram trabalhando e, no final do ano — quando os encaminhamentos das crianças são feitos para o ano seguinte — cogitou-se que Alice não deveria ser "aprovada", que deveria permanecer com a professora. Em meio à discussão, alguém afirmou:

— "Alice é de Beth, fica com Beth. Assim, poderá se desenvolver mais. Beth já sabe dessas coisas." Com o que a professora retomou argumentando:

— "Alice não é minha, é aluna da escola. A responsabilidade pelo trabalho com ela é de todos. Assim como aprendi e estou aprendendo, a nova professora também poderá aprender e eu estarei aqui para dividir minhas anotações, o que aprendi e, a partir do que estudei, do que entendo sobre o que é, sobre como deve ser a inclusão escolar, não devemos retê-la, ela deve seguir com o grupo...".

No ano seguinte, Alice seguiu com o grupo, no qual encontrou crianças que com ela fizeram laços, que a ajudaram quando tinha medo, que brigavam com quem a fazia chorar, que brincaram e riram com ela e contribuíram para que ela participasse — de seu jeito — das atividades, para que gostasse de ir à escola. A professora Beth, por sua vez, recebeu um grupo novo de crianças, conheceu outras famílias e seguiu com seu grupo de colegas professores, no qual encontrou colegas que pensavam como ela e/ou que pensavam de forma muito distinta, com os quais desenvolveu relações que suscitavam novos questionamentos e novas dúvidas, novos estudos, seguiu aprendendo a gostar de ser professora.

Uma história de aprendizagem e desenvolvimento

A história de Beth e Alice já tem quase dez anos, mas não perde a sua atualidade, nos remetendo a um enorme número de histórias que conhecemos. Histórias *tecidas* em uma *trama* de exigências legais e ideias *novas* e *ultrapassadas* em "luta" na definição dos modos de conceber as pessoas que têm seu desenvolvimento vinculado a alguma deficiência. Essas histórias apontam para a diversidade de modos como as famílias, a escola e os professores se colocam (ou são colocados) diante de crianças e jovens com alguma forma de deficiência, nos falam de modos de concebê-los e de intervir sobre sua educação.

O quadro histórico da política de educação especial na perspectiva da inclusão, já apresentado e discutido, aponta para a origem dos problemas enfrentados por Beth e Alice, pela família e pela escola. Contextualiza o encontro da escola com a criança e o que dele pode resultar, assim como nos permite, retomando a história, pensar em como esse encontro ocorreria em outros momentos e em outras épocas. Poderia ocorrer?

As histórias que conhecemos são parte *não oficial* da história oficial dos modos como o campo da educação escolar lidou com a presença dessas crianças. Essa relação da educação escolar com o aluno com deficiência tem um fundamento nos modos historicamente construídos de conceber o desenvolvimento humano relacionado à deficiência. Esses modos integram e expressam, entre outras coisas, nossas ideias sobre desenvolvimento, aprendizagem, linguagem e sobre o seu papel nesses processos.

Pensando no encontro de Beth e Alice, em como as questões sobre o que é se comunicar, aprender, se desenvolver, ter deficiência vão se (in)definindo nas tramas das relações vividas por pessoas concretas em condições objetivas, podemos perguntar: o que é desenvolvimento? O que é aprendizagem? O que suscita esses processos? O que indica a sua ocorrência? Como se relacionam? Qual é o papel da linguagem nesses processos? O que

O PROFESSOR E O ALUNO COM DEFICIÊNCIA

pensamos sobre tudo isso e como nossas formas de pensar dirigem nosso *olhar* e nossas *ações* a esses alunos?

Tentando responder a essas questões,[2] retomando argumentos da vertente histórico-cultural em psicologia,[3] podemos começar lembrando que Alice, sua mãe, sua professora, a coordenadora, as outras crianças da sala, a professora cuja fala introduz essa discussão, as autoras desse livro (e também) os seus leitores são humanos. Como humanos, compartilham características que são definidoras de limites e possibilidades de seu desenvolvimento. Podem, por exemplo, escrever, ler, concordar ou discordar do que leem, mas não podem, por exemplo, voar (exceto em aviões).

As possibilidades de ação que nos diferenciam de outras espécies, que definem nossa humanidade (como pensar, falar, lembrar, compartilhar ideias, abstrair, expressar sentimentos e produzir artes, ciências e os artefatos que ampliam os limites de nossas possibilidades de ação), embora nos pareçam naturais, não estão prontas quando nascemos, precisam ser desenvolvidas, aprendidas. Os desafios suscitados pela vida social, pelo confronto diário com a realidade histórica e cultural em que nascemos, nos colocam, desde o princípio de nossas vidas, em um permanente estado de aprendizado e, consequentemente, de desenvolvimento.

Desde o nascimento, enfrentamos o desafio de aprender o que é caracteristicamente humano e cultural, e esse desafio se redimensiona a cada etapa de nosso desenvolvimento. Como

---

2. A ideia de que é preciso refletir sobre as concepções de desenvolvimento humano, aprendizagem, linguagem e deficiência que embasam nossas ações na escola e os projetos educacionais dirigidos às pessoas com deficiência têm sido por nós sistematicamente apontados. Sobre o tema, incorporamos ao texto reflexões já elaboradas em Carvalho, M. F. (1995, 2003, 2004b, 2006).

3. A vertente psicológica histórico-cultural em psicologia, que tem em Vigotski, L. S. seu principal representante, enfatiza a definição do desenvolvimento humano como processo social que surgiu no começo do século XX, na Rússia, com o objetivo de estudar a gênese social das funções psíquicas humanas, destacando, nesse processo, o papel central desempenhado pela linguagem e pelo outro.

crianças, adolescentes, jovens, adultos ou idosos, embora a pertinência a essas categorias, definidoras de gêneros ou etapas de nosso desenvolvimento, nos identifique e nos aproxime, somos diferentes e, em cada um desses momentos de nossa humanização, cada um de nós constrói modos singulares, pessoais, de relação com o mundo ao seu redor e consigo mesmo.

É interagindo com outros humanos que aprendemos o que é característico dos membros da nossa espécie, que recebemos toda a herança de conhecimentos construídos por nossos ancestrais e, com esses conhecimentos, nos apropriamos e nos adaptamos às normas, às regras, aos valores, às formas organizadas de ação que definem as relações sociais de nosso grupo. Aprendemos o que é próprio e o que é impróprio em cada situação social, em cada etapa de nossas vidas; aprendemos a controlar nossas ações, a planejá-las para os fins que queremos atingir; aprendemos a ter vontades, a agir voluntariamente.

Compartilhando os modos estabelecidos de organização social, comuns aos nossos semelhantes, cada um de nós vai sendo definido como homem social, e as características que herdamos da espécie, nosso genótipo, são *trans*formadas, se desenvolvem, engendrando capacidades físicas e mentais dirigidas pelo/para o mundo de nossas necessidades, o nosso fenótipo. Assim, podemos entender que o desenvolvimento das funções humanas, psíquicas, resulta das interações sociais que vivemos, obedece a leis iguais para todos nós e, ao mesmo tempo, se concretiza, ganha forma singular para cada um de nós.

Em nossas vidas, todos nós atravessamos as mesmas etapas biologicamente definidas, porém, dos modos históricos e culturais de significação dessas etapas resultam diferenças de sua expressão — por exemplo, as formas ocidentais de significação da adolescência como fase não existiam meio século atrás e também sua existência não se justificaria hoje em culturas diferentes da ocidental, nas quais não há um tempo ou um intervalo definidor da transição da infância para a idade adulta. Assim, podemos

O PROFESSOR E O ALUNO COM DEFICIÊNCIA

entender que, ao longo do desenvolvimento de cada pessoa, formas distintas de relação com o mundo vão sendo construídas por cada um de nós, num processo em que os fatores biológicos e sociais, individuais e coletivos se relacionam, de forma que o biológico é perpassado, transformado pelo social, e o plano das relações sociais é convertido em formas pessoais de ação.

A história de Beth e Alice ilustra bem a emergência de formas singulares de ação e nos permite refletir sobre essa afirmação e retomar também as questões que inicialmente [nos] colocamos. Pensemos na história de Alice. Em sua casa, essa criança recebia pouca atenção e convivia com as baixas expectativas da família, que compreendia sua apatia como obediência, bom comportamento e, quiçá, como o que deveria ser esperado de sua diferença. Ao chegar à escola, a criança não falava, não brincava, mostrava-se apática, chorava e se agarrava à professora, a quem passou a desafiar com seus modos de ser.

Desafiada pelo mundo novo de relações sociais que é a escola, por todos os recursos que esse espaço oferece, pelo convívio com as outras crianças e com a professora, Alice se *animou*, ganhou vida, se *trans*formou: tornou-se *inquieta* e, por sua vez, tornou inquieta a professora. Podemos dizer que Alice estava se desenvolvendo. Que fazendo uso das situações, dos materiais, das falas, das formas de ação das outras crianças e da professora, ela construiu suas formas próprias de ação, ou seja, se apropriou das práticas culturais em torno dela, comportando-se e aprendendo a ser como as outras crianças de 4 anos, a participar na escola como as outras crianças participam. E logo ela transpôs essas novas possibilidades de ação para outros contextos (sua casa, a igreja).

Entretanto, o que Alice passou a fazer, como ela se movia, como expressava seus sentimentos e suas vontades são fatores que podem ser compreendidos e explicados de diversas formas e são os modos distintos de significação da professora, da mãe, da coordenadora que dimensionam sua transformação. Estava ou não a criança se desenvolvendo, aprendendo, ganhando *ânima*, vontade?

E o que nos diz a história sobre Beth, a professora? Essa jovem que era formada havia pouco tempo, que fora desafiada pela presença dessa criança, começa a agir de forma distinta da de seu grupo. Procurou em outras fontes o que a escola não lhe deu de suporte, o que seu curso de graduação não ofereceu nem sistematizou em termos de conhecimentos sobre o tema. Podemos dizer que evidencia-se na história, no contexto da escola, uma ausência de recursos que permitam à professora obter maior compreensão da situação que enfrenta. Mas é com essa condição que ela lida. Desafiada pelo que o trabalho com essa criança lhe traz de novo, ela também se inquieta, se anima e exerce suas vontades: volta a estudar, fica mais atenta para as mudanças que se operam na turma e na sua aluna diferente e, desse modo, subverte a ordem — a sua e a até então estabelecida na escola — e o modo de lidar com a inclusão de crianças com deficiência. Suas formas de ação se transformam. Estudando e conversando com seus colegas da escola e de seu curso, aprende sobre a inclusão escolar e preocupa-se em compreender sua aluna, indaga-se sobre como as dificuldades de fala — que configuram problemas de comunicação — estão relacionadas ao seu desenvolvimento. Formula questões e hipóteses. Encontra nos livros e documentos que estuda, assim como nas conversas sobre o tema, as palavras que usa para reivindicar o direito de sua aluna à escola e, mais que isso, a outra postura da escola. Ao agir dessa forma, reivindica para si mesma o direito a outra posição como professora, como membro da comunidade escola, como cidadã. O que ela sabe, pode, sente e faz é agora diferente do que era antes. Podemos afirmar que Beth se transforma, aprende.

Da perspectiva que estamos falando, Alice e Beth se desenvolvem — em diferentes momentos da vida e com o que é característico de cada etapa: se inquietar para Alice, na infância, é aprender a brincar, correr, gritar; se inquietar para Beth, na

O PROFESSOR E O ALUNO COM DEFICIÊNCIA 121

idade adulta, é aprender a trabalhar, é enfrentar o que não considera justo, é encarar os desafios de sua profissão, é se indagar sobre o que não conhece, ter dúvidas e questões etc. Elas aprendem, e o que aprendem mobiliza a sua transformação, o seu desenvolvimento. Possibilidades inicialmente ausentes para Alice e para Beth tornam-se presentes após um processo de aprendizado no qual elas se apropriam de formas de ação que compartilham com outros — socialmente.

Sua transformação é suscitada pelos modos como se relacionam com seu meio social, como respondem às suas demandas, pelas posições em que são colocadas e que passam a se colocar. A menina-aluna e a mulher-professora, ao se transformarem, demandam transformações da escola, da família, assim como de outros contextos sociais em que convivem; desencadeiam transformações em outras meninas e em outros meninos, em outros professores, na mãe, na igreja... A escola, por sua vez, ao integrar posições diversas, suscita confrontos e encontros que mobilizam, desafiam e sustentam um constante reposicionamento de uns em relação aos outros, às ideias, às leis. Múltiplas possibilidades de (trans)formações se configuram e ganham materialidade nas histórias que se entrelaçam.

A formação do professor nesta história e na "história"

Pensemos no fato de a professora precisar buscar apoio fora da escola. A discussão sobre os modos como, nas políticas educacionais, se dá a formação dos professores da escola regular para o atendimento desses alunos não se esgota. Na história, o apoio à professora é crucial para a mudança de entendimento dos modos de expressão da criança e da decorrente postura assumida. Devemos argumentar que isso é parte dessa história singular e não pode ser entendido como regra ou prescrição para outras histórias em outros contextos como modo determinante do processo de inclusão escolar de crianças com deficiências. Mas, da perspectiva histórico-cultural que assumimos como fundamento, concordamos que o apoio, a mediação, seja uma condição para toda aprendizagem e, nesse sentido, que seja uma necessidade inerente à formação — enquanto processo de aprendizagem e desenvolvimento — e, portanto, um direito do professor, que lhe deve ser garantido, embora não garanta os rumos do processo.

De um modo geral, mas de forma especial no caso de processos de inclusão, a maioria dos professores reivindica apoio às suas ações alegando não poder fazer o trabalho por não ter a formação específica e indaga sobre o que e como fazer. Podemos problematizar essa posição em relação aos alunos incorporando à discussão as falas, queixas e indagações de outros professores que nos contam outras histórias.[4]

— *"Eu não sei nada sobre ele. Eu nunca estudei sobre deficiência mental, nunca trabalhei com eles antes."*

— *"Eu não sei se ele está aprendendo, se entende, porque ele não fala, não responde como os outros."*

— *"Eu queria saber como entrar dentro dele, saber·o que se passa na cabeça dele."*

— *"Ele não está pronto para usar o livro. Não vai aproveitar bem."*

— *"Chega um momento em que não há mais nada a fazer, eles estacionam. É (são) como um muro de concreto."*

Convidados a falar sobre os alunos, professores diferentes falam sobre seus próprios e semelhantes limites, seus saberes e suas suposições frente em relação ao que os alunos podem ou não aprender e fazer na escola. Falam Eles falam do lugar demarcado, na escola, para o aluno com deficiência mental, assim como para os alunos com trans-

---

4. As falas de professores e sua discussão são partes de um artigo apresentado em um congresso realizado em Belo Horizonte em 2004.

O PROFESSOR E O ALUNO COM DEFICIÊNCIA   123

tornos globais do desenvolvimento, para o aluno surdo, para o aluno com paralisia cerebral cuja fala configura problema de comunicação etc., um lugar definido em relação a uma capacidade de resposta idealizada, resposta que a maioria das crianças também não consegue elaborar. As dificuldades que atribuem a si mesmos ou às crianças como fatores que limitam ou impedem o trabalho pedagógico relacionam-se, de modo particular, aos problemas de comunicação apresentados pelas crianças, às suas dificuldades de fala e, supostamente, de desempenho cognitivo, de elaboração dos resultados esperados frente ao que é expectativa da escola. Não se coloca em questão se a criança com deficiência encontra, aí, as condições de elaboração dessas respostas e se essas, quando manifestas, são consideradas.

Convidados a falar sobre os alunos, professores diferentes falam sobre seus próprios e semelhantes limites, seus saberes e suas suposições em relação ao que os alunos podem ou não aprender e fazer na escola. Eles falam do lugar demarcado na escola para o aluno com deficiência mental, assim como para os alunos com transtornos globais do desenvolvimento, para o aluno surdo, para o aluno com paralisia cerebral cuja fala configura problema de comunicação etc., um lugar definido em relação a uma capacidade de resposta idealizada, resposta que a maioria das crianças também não consegue elaborar. Os limites que atribuem a si mesmos ou às crianças, explicados como fatores que prejudicam e até impedem o trabalho pedagógico, s que atribuem a si mesmos ou às crianças como fatores que prejudicam ou impedem o trabalho pedagógico relacionando-os se, de modo particular, às dificuldades de comunicação vividas pelas crianças, e estas aos pressupostos problemas cognitivos e afetivos, que impedem a elaboração dos os resultados esperados frente ao que é expectativa da escola. Não se coloca em questão se a criança com deficiência encontra, aí, as condições de elaboração dessas respostas e se essas, quando manifestas, são consideradas.

As formas como as falas das professoras apontam para as possibilidades de ação e expressão de seus alunos, desconsiderando o papel do contexto de sua produção, podem ser relacionadas, entre outros fatores, à ideia de possibilidades de aprendizagem e desenvolvimento como naturais, espontâneas e internas. *"Eu queria saber como entrar dentro dele, saber o que se passa na cabeça dele."* Esses dizeres também explicitam a noção de que tais possibilidades comprometidas de aprendizagem e desenvolvimento só podem ser expressas através da oralidade da criança e ainda de que a linguagem é transparente, de que o domínio da língua pelo falante assegura ao ouvinte o acesso às suas formas de pensamento, assim como a suposição de que a relação entre linguagem e cognição é dicotômica e unilateral e que se limita à transcrição, à tradução do pensamento pela linguagem. *"Eu não sei se ele está aprendendo, se ele entende, porque ele não fala, não responde como os outros."*

A deficiência surge nas falas como algo que sobrepuja o sujeito, o aluno — com e para quem o trabalho escolar é planejado e dividido. Antes de ser um sujeito, um aluno, a criança é percebida como deficiente, o que parece apagar a possibilidade de atribuição (para ele) de outros papéis ou outras qualidades que, por sua vez, são definidores de ações para e com ele. Quando qualidades são atribuídas, elas são referidas como intrínsecas ao sujeito e comumente se referem a dificuldades psicossociais, emocionais ou cognitivas, entendidas como decorrentes do comprometimento das funções mentais. Essas qualidades são comumente atribuídas à criança como se fossem características permanentes (*"ele é imaturo"*, *"é agressivo"*, *"é emocionalmente instável"*, *"é desinteressado"*, *"é calminho"*, *"é disperso"* etc.), como se essas "características", formas encontradas pelo sujeito de relacionar-se com o mundo e consigo mesmo num determinado momento, não fossem transitórias e *condicionadas* pelas situações.

Assim, podemos dizer que, na escola, a distinção dessas crianças em relação às outras (às crianças que não têm comprometidos seus processos cognitivos, psicomotores, mentais, sen-

O PROFESSOR E O ALUNO COM DEFICIÊNCIA 125

soriais) pode ser, *a priori*, demarcada pela expectativa de manifestação de tudo que é atribuído, no senso comum, à deficiência. Voltemos à história de Beth e Alice. Para a professora, a aluna não se comunicava porque os modos de sua expressão não eram os idealmente esperados. O fato de a criança chorar muito e agarrar-se à professora de nada adiantava, pois a criança não "dizia" com muitas ou poucas palavras: "Professora, tenho medo, estou insegura, não entendo o que está havendo...". Ou ainda: "Eu entendo, mas não gosto, não quero ficar aqui, cuide de mim!". Assim, mais que a ação da criança, é a ação da professora, ao reconhecer as formas de expressão de Alice como legítimas, o que a institui no âmbito da família, como uma menina que fala, que se comunica. A posição de Beth (uma representante do social) perante Alice é crucial na definição do que ela pode ou não, é condição de possibilidade de seu desenvolvimento.

As mudanças dos modos de conceber expressos pelos professores sobre a deficiência, o desenvolvimento humano, o seu papel na educação, exigem o redimensionamento da ideia de formação. Não se trata apenas de privilegiar o acesso às teorias (um cientificismo) ou de enfatizar a dimensão da prática (um praticismo), mas de mobilizar, via conhecimentos, uma maior consciência sobre as ações, sobre o próprio fazer, sobre o que o circunstancia, sobre suas múltiplas determinações e seus modos de realização, inclusive as relações possíveis entre os saberes e fazeres, a teoria e a prática. Trata-se da compreensão da formação como um processo que se define pela incompletude e que deve se objetivar em sua apreensão, na compreensão da inexistência de um modelo ideal de formação e de professor, de impossibilidade de homogeneização da ação docente.

O que a professora da história evidencia como aprendizados seus — o que a coloca em formação no processo — é a possibilidade de pensar sobre o que circunstancia o seu fazer, de mobilizar conhecimentos, saberes e fazeres, relacionando-os, confrontando-os. E não se trata de tomá-la como modelo, mas de ressaltar a sua posição de professora *em formação*, de sujeito que avalia as condições de possibilidades de suas ações e as amplia, fazendo. De alguém que reconhece limites pessoais e sociais, que não se isenta frente à situação, mas denuncia sua impossibilidade de resolver tudo, se responsabilizar sozinha.

Nesses processos que se entrelaçam, evidencia-se o papel da linguagem como mediadora das transformações de/entre a professora e a aluna, bem como dos outros com quem interagem em movimentos de negação ou adesão.

A linguagem: atividade mediadora, constitutiva dos sujeitos

De uma perspectiva em que os aprendizados mobilizam transformações, a linguagem tem um papel fundamental, visto que nossa relação com o mundo não é uma relação direta, mas, sim, uma relação mediada pelo signo (pela linguagem) e pelo outro. É a nossa capacidade de criar e usar signos, ou seja, de criar e usar representações do real e de compreendê-las como representação (de sermos capazes de relacionar algo a alguma outra coisa distinta), que humaniza a nossa relação com o mundo e a singulariza.

Com isso queremos dizer que entre nós (uma criança ou um adulto) e o que nos propomos a conhecer "há algo como uma *rede* de relações de significações". Por exemplo, entre Beth e Alice há um mundo de ideias, de conceitos (e preconceitos também), de valores relativos ao que é ensinar, ao que é desenvolvimento, ao que é aprendizagem, linguagem, ao que é ser professora, ser deficiente, ser criança, ser adulto, ser um profissional da educação em uma escola pública em um momento histórico em que a filosofia da inclusão escolar se coloca como um apelo. É do entrelaçamento de todos esses fatores que resulta os modos de significar algo, como a inclusão escolar, ou alguém, como Alice ou Beth.

Os modos opostos de compreensão e posição frente ao tema, de Beth e sua coordenadora, explicitam o caráter social e singular de emergência de nossas formas de ação psíquica. As posições distintas dessas educadoras apontam para a singularidade definidora das formas como cada um de nós converte o que socialmente é postulado, debatido, culturalmente produzido. Enquanto a professora investe na construção de recursos que sustentem a sua intervenção junto à aluna, a coordenadora opta por remover a criança de seu campo de ação. Embora ambas estejam diante de um mesmo desafio, dispondo de recursos semelhantes (a mesma formação, o mesmo projeto pedagógico, a mesma legislação, o mesmo contexto de trabalho), olhem para a mesma criança e para o mesmo projeto educacional (inclusivo), elas significam a situação e agem em relação à criança e ao seu lugar na escola de forma distinta. Suas posições explicitam modos possíveis de conceber e agir diante desses alunos.

"Nós nos tornamos nós mesmos através dos outros", diz Vigotski (2000, p. 56), enfatizando o papel mediador da linguagem e do outro na história da construção social de cada sujeito. Dessa perspectiva, as possibilidades de construção da vida mental, de atividade subjetiva da pessoa, resultam da sua possibilidade de pertencer e participar das práticas sociais. A aprendizagem pode ser compreendida como um processo essencialmente partilhado de significações. Nesse contexto, as necessidades e possibilidades de aprendizagem são definidas pelas condições de participação no contexto interativo, não devem ser compreendidas e avaliadas como inerentes à criança.

Nesses termos, a questão da aprendizagem — da apropriação de modos de ser, conhecer e fazer — está relacionada aos diferentes modos de participação nas interações sociais, às condições de produção de sentidos, de construção "do próprio (seu mesmo) e/ou do pertinente (adequado ao outro)", definindo-se assim como um construto relacional. Para Smolka, "nesse sentido a apropriação não é tanto uma questão de posse, de propriedade, ou mesmo de domínio, individualmente alcançados, mas é essencialmente uma questão de pertencer e participar nas práticas sociais" (Smolka, 2000, p. 37).

É, portanto, nas interações, no movimento das relações intersubjetivas, na ação recíproca do eu sobre o outro que vão se constituindo as possibilidades de apropriação das formas sociais de ação e, nesse contexto, as ideias, os conhecimentos vão sendo apropriados em processos de interpretação, de significação, e não numa transposição de elementos externos — para o campo do sujeito.

O que relatamos como aprendizados e desenvolvimentos de Beth e Alice, por exemplo, não é interpretado da mesma forma no contexto das relações sociais que vivem. Ou seja: o próprio, o pertinente, o correto em termos de aprendizado, o que é definido como indicador de desenvolvimento é relativo ao contexto das condições de sua produção e avaliação. Na relação do sujeito com o meio — o contexto social —, define-se o lugar de "menina que não se comunica", de "professora entusiasmada e comprometida", de "coordenadora *equivocada*", de "professoras *despreparadas*", de "sujeitos que podem aprender, que se transformam", de "professora", de "aluna".

Como explica Bock,

> Não se pode conhecer o humano se não for pela sua relação com as formas de vida e as relações sociais. O próprio fenômeno psicológico é histórico, permitindo que se entenda o que está aí como padrão, como algo mutável, resultante de um determinado padrão de relações e de critérios dominantes que respondem a interesses sociais de imposição de uma determinada visão de saúde. (Bock, 2007, p. 67)

As posições que se legitimam nas relações escolares entre professores e alunos respondem a imposições sociais de visões estabelecidas na contraposição entre normalidade/anormalidade, de eficiência/deficiência, de sucesso/fracasso escolar. Definem os

O PROFESSOR E O ALUNO COM DEFICIÊNCIA 129

lugares de participação, dimensionando as relações de poder que aí têm lugar, autorizando e/ou desautorizando crianças e professores como sujeitos de aprendizagem.

Voltando à história, podemos dizer que a escola/a professora demanda dessa aluna que ela se comunique, que brinque, que participe e aprenda. A professora preocupa-se com a efetiva participação da criança, com a apropriação do que define *o escolar* (os conteúdos, as práticas etc.), e não somente com a minimização dos efeitos de sua deficiência. É somando seus recursos pessoais diferenciados (suas dificuldades de fala, suas limitações motoras, sua dificuldade de relacionar-se com outras crianças, sua apatia, sua inquietude etc.) com as condições oferecidas por Beth, pelas crianças e pelos demais professores (o esforço que fazem para compreendê-la, o convite que fazem para que participe, as formas como a interpelam e interpretam, os materiais que lhe oferecem etc.) que Alice tem suas possibilidades e necessidades de ação ampliadas. E falar em ampliação e transformação das possibilidades de ação não é necessariamente falar que as dificuldades que caracterizam as diferenças de Alice desaparecem, mas, sim, que elas não são interpretadas como impeditivas de seu desenvolvimento e de sua participação nas práticas escolares.

Na conclusão da primeira parte deste livro, apontamos e problematizamos a centralidade conferida às características oriundas das deficiências, definida como objeto da ação docente especializada. Na discussão até aqui empreendida, enfocando a relação professor-aluno com deficiência, podemos dizer que, mais que restritivo dos modos de ação docente, esse enfoque na deficiência, em suas especificidades, não nos permite avançar para a compreensão da deficiência como construção social e tem efeitos sobre a escola regular, *orientando* as baixas expectativas quanto às possibilidades de ensino e aprendizagem com esses alunos, assim como as ideias dos professores sobre eles e sobre o que precisam e devem aprender de novo para recebê-lo. Essa posição remete aos princípios que enfatizam a consideração do papel desempenhado pelos fatores sociais como uma influência no desenvolvimento dos sujeitos. Princípios que denotam uma posição da escola, do campo da educação diante desses alunos e que problematizamos ao longo do texto.

Retomando as formulações de Vygotsky, podemos entender que os processos de interação social não são apenas o *locus*, mas principalmente a fonte e os meios do desenvolvimento compensatório, e que esse desenvolvimento relaciona-se diretamente às condições de possibilidades da pessoa com deficiência mental de significar seu mundo e a si mesmo. Essas condições são definidas por fatores que ultrapassam as determinações naturais, que remetem ao entrelaçamento das histórias individual e social dos sujeitos. No processo de entender, de interpretar as relações sociais, as pessoas com deficiência mental (assim como todas as pessoas) têm suas possibilidades de entender, lembrar, dizer, relacionar, enfim, de agir sobre o mundo e sobre si mesmas, sendo transformadas — se desenvolvendo — em um processo no qual sua dimensão orgânica é perpassada pela cultura. É nesse processo que a pessoa se constitui e a deficiência mental, como parte dela, assume suas múltiplas formas. (Carvalho, 2004, p. 25)

Quando indagamos sobre as modificações que devem ser consideradas no plano da organização curricular e das práticas pedagógicas cotidianas no sentido de sua adequação às necessidades dessas crianças, não podemos perder de vista que, na escola, os conhecimentos e fazeres *novos*, os quais podemos/devemos construir com o objetivo de contribuir para a educação de todos os alunos, não prescindem dos conhecimentos que já temos, de sua problematização. É nesta direção que entendemos que a explicitação e discussão das condições contraditórias de realização da inclusão escolar, que o conhecimento do ideário que fundamenta a perspectiva de educação inclusiva, colocam-se como um desafio e uma necessidade, como condição de superação e de construção de práticas mais promissoras que envolvam a consideração não apenas do direito dessa população à educação, mas também das exigências que garantam o seu exercício. O *novo*, e que só pode ser construído nas relações de ensino e aprendizagem, aponta para a necessidade de superação da dicotomia entre o especial e o comum, o individual e o social, para a superação de proposições que reafirmam que as necessidades são apenas dos alunos e as respostas/soluções são dos professores. Apontam para a necessidade de compreendermos que as necessidades de ambos se forjam nas relações de ensino e aprendizagem, como pergunta ou resposta às amplas e diversas condições de possibilidades de ação, de ser aluno e professor *em formação*.

Leituras fundamentais sobre o tema

Sugerimos ao leitor as seguintes indicações:

AMARAL, Lígia Assunção. *Conhecendo a deficiência (em companhia de Hércules)*. 1. ed. São Paulo: Probel Editorial, 1995.

BANKS-LEITE, Luci; GALVÃO, Isabel. *A educação de um selvagem*: as experiências pedagógicas de Jean Itard. 1. ed. São Paulo: Cortez, 2000.

BUENO, José Geraldo Silveira. *Educação especial brasileira*: integração/segregação do aluno diferente. 1. ed. São Paulo: Educ/PUC-SP, 1993.

CARVALHO, Maria de Fátima. *Conhecimento e vida na escola*: convivendo com as diferenças. Campinas: Autores Associados/Unijuí, 2006.

DE CARLO, Marysia Mara Rodrigues do Prado de Carlo. *Se essa casa fosse nossa*: instituições e processos de imaginação na educação especial. São Paulo: Plexus, 1999.

FERREIRA, Júlio Romero. *A exclusão da diferença*. Piracicaba: Editora Unimep, 1994.

FREITAS, M. C. (Org.). *História social da infância no Brasil*. 1. ed. São Paulo: Cortez, 2000.

GOFFMAN, Erving. *Estigma*: notas sobre a manipulação da identidade deteriorada. 4. ed. Rio de Janeiro: LTC, 1988.

JANNUZZI, Gilberta. *A luta pela educação do deficiente mental no Brasil*. 1. ed. São Paulo: Cortez/Autores Associados, 1985.

KASSAR, Mônica Carvalho Magalhães. *Deficiência múltipla e educação no Brasil*. Campinas: Autores Associados, 1999.

LAPLANE, Adriana L. F. de; GÓES, Maria Cecília R. *Políticas e práticas de educação inclusiva* (Orgs.). Campinas: Autores Associados, 2004.

MAZZOTTA, M. J. S. *Educação especial no Brasil*: história e políticas públicas. 1. ed. São Paulo: Cortez, 1996.

PADILHA, Ana Lunardi. *Práticas pedagógicas na educação especial*: a capacidade de significar o mundo e a inserção cultural do deficiente mental. 1. ed. Campinas: Autores Associados/Fapesp, 2001.

PESSOTTI, Isaias. *Deficiência mental*: da superstição à ciência. 1. ed. São Paulo: Edusp, 1984.

RODRIGUES, Davi. *Inclusão e educação*: doze olhares sobre a educação inclusiva. São Paulo: Summus, 2006.

SOARES. M. A. L. *A educação do surdo no Brasil*. 2. ed. Campinas: Autores Associados, 2006.

VYGOTSKY, L. S. *Fundamentos de defectologia*. Havana: Editorial Pueblo/ Educación, 1989.

Referências bibliográficas

ABREU, L. Carvalho, M. de F. O professor capacitado para a educação de alunos com deficiência: (in)definições legais sobre a formação de professores. In: CONGRESSO ESTADUAL PAULISTA SOBRE FORMAÇÃO DE EDUCADORES, 11., *Anais...*, "Por uma Política Educacional de Formação de Professores". Unesp, Águas de Lindoia, 2011.

ANDRADE, S. G. Inclusão escolar e formação continuada de professores: relações e contrapontos. *Poiésis*, Tubarão, n. 1, v. 1, p. 86-100, jan./abr. 2008.

BAKHTIN, M. (VOLOCHINOV). *Marxismo e filosofia da linguagem*: problemas fundamentais do método sociológico na ciência da linguagem. 10. ed. São Paulo: Hucitec, 2002.

BOCK, A M. B. A adolescência como construção social: estudo sobre livros destinados a pais e educadores. *Abrapee* (revista semestral da Associação Brasileira de Psicologia Escolar e Educacional), v. 11, n. 1, p. 63-76, jan./ jun. 2007.

BRASIL. Ministério da Educação e Cultura. Centro Nacional de Educação Especial (Cenesp). Diretrizes básicas para ação do Centro Nacional de Educação Especial. Brasília: MEC/Cenesp, 1974.

_____. Ministério da Educação e Cultura. Centro Nacional de Educação Especial (Cenesp). Plano Nacional de Educação Especial 1975/1976. Brasília: MEC/Cenesp, 1975.

_____. Ministério da Educação e Cultura. Centro Nacional de Educação Especial (Cenesp). Capacitação de recursos humanos para a educação especial. Brasília: MEC/DDD, 1976a.

BRASIL. Ministério da Educação e Cultura. Centro Nacional de Educação Especial (Cenesp). Educação especial de superdotados: estudos básicos para o enriquecimento das propostas curriculares. Brasília: MEC/DDD, 1976b.

_____. Ministério da Educação e Cultura. Centro Nacional de Educação Especial (Cenesp). Plano Nacional de Educação Especial 1977/1979. Brasília: MEC/Cenesp, 1977.

_____. Ministério da Educação e Cultura. Centro Nacional de Educação Especial (Cenesp). Proposta curricular para deficientes mentais educáveis. Brasília: MEC/DDD, 1979a.

_____. Ministério da Educação e Cultura. Centro Nacional de Educação Especial (Cenesp). Proposta curricular para deficientes auditivos. Brasília: MEC/DDD, 1979b.

_____. Ministério da Educação e Cultura. Centro Nacional de Educação Especial (Cenesp). Proposta curricular para deficientes visuais. Brasília: MEC/DDD, 1979c.

_____. Ministério da Educação. Secretaria de Educação Especial (SEESP). Programa de capacitação de recursos humanos do ensino fundamental: deficiência mental. Brasília: SEESP, 1997a. (Série Atualidades Pedagógicas.)

_____. Ministério da Educação. Secretaria de Educação Especial (SEESP). Programa de capacitação de recursos humanos do ensino fundamental: deficiência auditiva. Brasília: SEESP, 1997b. (Série Atualidades Pedagógicas.)

_____. Ministério da Educação. Secretaria de Educação Especial (SEESP). Programa de capacitação de recursos humanos do ensino fundamental: educação dos surdos. Brasília: SEESP, 1997c. (Série Atualidades Pedagógicas.)

_____. Ministério da Educação. Secretaria de Educação Especial (SEESP). Programa de capacitação de recursos humanos do ensino fundamental: língua brasileira de sinais. Brasília: SEESP, 1997d. (Série Atualidades Pedagógicas.)

_____. Ministério da Educação. Secretaria de Educação a Distância. *Cadernos da TV Escola*: deficiência mental/deficiência física. Brasília: SEED, 1998.

_____. Ministério da Educação. Secretaria de Educação Especial (SEESP). Programa de capacitação de recursos humanos do ensino fundamental: deficiência visual. Brasília: SEESP, 2001. (Série Atualidades Pedagógicas.)

BRASIL. Ministério da Educação. Secretaria de Educação Especial (SEESP). Documento subsidiário à política de inclusão. Brasília, 2005.

_____. Ministério da Educação. Secretaria de Educação Especial (SEESP). Formação a continuada distância para o Atendimento Educacional Especializado. Brasília: MEC, SEED, SEESP, 2007a.

_____. Ministério da Educação. Secretaria de Educação Especial (SEESP). Formação continuada a distância para o Atendimento Educacional Especializado: deficiência física. Brasília: MEC, SEED, SEESP, 2007b.

_____. Ministério da Educação. Secretaria de Educação Especial (SEESP). Formação continuada a distância para o Atendimento Educacional Especializado: deficiência visual. Brasília: MEC, SEED, SEESP, 2007c.

_____. Ministério da Educação. Secretaria de Educação Especial (SEESP). Formação continuada a distância para o Atendimento Educacional Especializado: pessoa com surdez. Brasília: MEC, SEED, SEESP, 2007d.

_____. Ministério da Educação. Secretaria de Educação Especial (SEESP). Formação continuada a distância para o Atendimento Educacional Especializado: deficiência mental. Brasília: MEC, SEED. SEESP, 2007e.

_____. Ministério da Educação. Secretaria de Educação Especial (SEESP). Política Nacional de Educação Especial na Perspectiva da Educação Inclusiva. Documento subsidiário. Brasília: MEC, SEED, SEESP, 2007f.

_____. Ministério da Educação. Secretaria de Educação Especial (SEESP). Programa de Implantação de Salas de Recursos Multifuncionais, 2008. Disponível em: <http:// portal.mec.gov.br/dmdocuments/salasmultifuncionais. pdf>. Acesso em: 11 mar. 2011.

_____. Ministério da Educação. Secretaria de Educação Especial (SEESP). Política Nacional de Educação Especial na Perspectiva da Educação Inclusiva. Brasília: MEC/SEESP, 2008.

_____. Conselho Nacional de Educação (CNE). Resolução CNE/CBE n. 02, de 2 de setembro de 2001, que institui as Diretrizes Educacionais da Educação Especial para a Educação Básica.

_____. Conselho Nacional de Educação (CNE). Resolução CNE/CP n. 01, de 18 de fevereiro de 2002. Diretrizes Curriculares Nacionais para a Formação de Professores da Educação Básica em nível superior, curso de licenciatura de graduação plena. *Diário Oficial da União*. Poder Executivo, Brasília, 4 mar. 2002, p. 8, seção 1.

_____. Decreto n. 6.094, de 24 de abril de 2007. Dispõe sobre a implementação do Plano de Metas Compromisso Todos pela Educação, pela União Federal, em regime de colaboração com Municípios, o Distrito Federal e os Estados. *Diário Oficial da União*, Brasília, 25 de abr. 2007.

_____. Conselho Nacional de Educação. Resolução CNE/CP n. 01, de 15 de maio de 2006. Diretrizes Curriculares Nacionais para o Curso de Graduação em Pedagogia, licenciatura. *Diário Oficial da União*, Brasília, 16 maio 2006, p. 11, seção 1.

_____. Conselho Nacional de Educação (CNE). Resolução CNE/CBE n. 04, de 2 de outubro de 2009, que institui as Diretrizes Operacionais para o Atendimento Educacional Especializado, modalidade Educação Especial.

_____. MEC/SEESP. Política Nacional de Educação Especial na Perspectiva da Educação Inclusiva. Documento elaborado pelo Grupo de Trabalho nomeado pela Portaria Ministerial n. 555, de 5 de junho de 2007, prorrogada pela Portaria n. 948, de 9 de outubro de 2007.

BOURDIEU, P. Capital cultural e comunicação pedagógica. In: _____. *A reprodução*: elementos para uma teoria do sistema de ensino. Livro 2, capítulo 1, p. 79 a 118, 1982.

BUENO, J. G. S. *Educação especial brasileira*: integração/segregação do aluno diferente. 1. e 2. ed. São Paulo: Educ, 1993, 2004.

_____. A produção social da identidade do anormal. In: FREITAS, M. C. de (Org.). *História social da infância no Brasil*. 6. ed. São Paulo: Cortez, 2006.

BUENO, C. C. O.; KASSAR, M. C. M. Público e privado: a educação especial na dança das responsabilidades. In: ADRIÃO, T.; PERONI, V. *O público e o privado na educação*: interfaces entre estado e sociedade. São Paulo: Xamã, 2005. p. 119-135.

CARVALHO, M. C. A. de. *Professores para as séries iniciais*: o dilema da eterna transitoriedade. Rio Branco: Edufac, 2004.

CARVALHO, M. F. Aspectos da dinâmica interativa no contexto da educação de crianças e jovens com síndrome de Down. In: GÓES, M. C.;

O PROFESSOR E O ALUNO COM DEFICIÊNCIA   139

SMOLKA, A. L. B. (Orgs.). *A significação nos espaços educacionais*: interação e subjetivação. Campinas: Papirus, 1997. p. 145-179.

_____. *A relação do sujeito com o conhecimento*: condições de possibilidades no enfrentamento da deficiência mental, 2004. 196 p. Tese (Doutorado em Educação) — Faculdade de Educação, Unicamp, Campinas, 2004a.

_____. Refletindo sobre as relações entre linguagem e desenvolvimento no contexto da inclusão escolar. In: SIMPÓSIO RIO-CLARENSE DE EDU-CAÇÃO, Prefeitura de Rio Claro, p. 5-10, 2004b.

_____. A deficiência mental no contexto das práticas educativas: concepções, impasses e perspectivas. In: ENCONTRO NACIONAL DE DIDÁTICA E PRÁTICA DE ENSINO (ENDIPE), 12., *Anais...*, Curitiba, Editora Universitária Champagnat, 2004c.

_____. Cognição, linguagem e deficiência mental na escola: as contribuições de Lev Vygotsky para sua compreensão. In: ENCONTRO INTERNACIO-NAL DE LINGUAGEM, CULTURA E COGNIÇÃO: REFLEXÕES PARA O ENSINO, 2., *Anais...*, Belo Horizonte, CD-ROM, 2003.

_____. *Conhecimento e vida na escola*: convivendo com as diferenças. 1. ed. Campinas/Ijuí: Autores Associados/Unijuí, 2006a.

_____. Educação de jovens e adultos com deficiência mental: inclusão escolar e constituição dos sujeitos. *Horizontes*, Bragança Paulista, v. 24, p. 161-171, 2006b.

_____. A inclusão escolar de alunos com necessidades educacionais especiais: psicologia histórico-cultural, desenvolvimento e educação de pessoas com deficiência. *Caderno Didático 4* — Educação Inclusiva no Ensino de Arte e Educação Física. *Paideia* — Núcleo de Formação Continuada para professores de Artes e Educação Física da UFRN —Universidade Federal do Rio Grande do Norte; Prograd/Profoco; MEC — Ministério da Educação. Natal, p. 25-44, 2006c.

_____. Jovens com deficiência mental na EJA: realidades que desafiam o processo de inclusão escolar. In: MARTINS, Lucia de Araujo Ramos; PIRES, José; PIRES, Gláucia Nascimento da Luz; MELO, Francisco Ricardo Lins V. de (Orgs.). Práticas inclusivas no sistema de ensino e em outros contextos. 1. ed. Natal: EDUFRN (Editora da Universidade Federal do Rio Grande do Norte), 2008. p. 165-176.

CONFERÊNCIA NACIONAL DE EDUCAÇÃO (Conae). Construindo o Sistema Nacional articulado de Educação: o Plano Nacional de Educação, diretrizes e estratégias. Documento Final. Brasília: MEC, 2010b. 164p. Disponível em: <http://Conae.mec.gov.br/images/stories/pdf/pdf/documentos/documento_final.pdf>.

D'ANTINO, M. E. F. *A máscara e o rosto da instituição especializada*: marcas que o passado abriga e o presente esconde. São Paulo: Memnon, 1988.

DI NUBILA, H. B. V.; BUCHALLA, C. M. O papel das classificações da OMS — CID e CIF nas definições de deficiência e incapacidade. *Revista Brasileira de Epidemiologia*, v. 11, n. 2, p. 324-35, 2008.

DÓRIA, A. R. de F. *Introdução à didática da fala*: aspectos da educação dos deficientes da audição e da fala. Rio de Janeiro: MEC/Campanha para a Educação do Surdo Brasileiro, 1959.

FERREIRA, J. R. *A exclusão da diferença*. Piracicaba: Editora Unimep, 1994.

FOUCAULT, M. *História da loucura na idade clássica*. São Paulo: Perspectiva, 1978.

FRENCH, R. S. *From homer to Helen Keller*: a social study and educational study of the blind. Nova York: American Foundation for the Blind, 1932.

GÓES, M. C. R. Relações entre desenvolvimento humano, deficiência e educação: contribuições da abordagem histórico-cultural. In: OLIVEIRA, M. K.; SOUZA, D. T. R.; RÊGO, T. C. (Org.). *Psicologia, educação e as temáticas da vida contemporânea*. 1. ed. São Paulo: Moderna, 2002. p. 95-114.

_____. Desafios da inclusão de alunos especiais: a escolarização do aprendiz e sua constituição como pessoa. In: GÓES, Maria Cecília Rafael; LAPLANE, Adriana Lia Frizzman de (Orgs.). *Políticas e práticas de educação inclusiva*. Campinas: Autores Associados, 2004. p. 69-92.

_____; LAPLANE, A. L. F. (Orgs.). *Políticas e prática de educação inclusiva*. Campinas: Autores Associados, 2004.

HOUAISS, A.; VILLAR, M. de S.; FRANCO, F. M. de M. *Dicionário Houaiss da língua portuguesa*. Rio de Janeiro: Objetiva, 2001.

INSTITUTO PAULO MONTENEGRO/AÇÃO EDUCATIVA. *5º Indicador Nacional de Alfabetismo Funcional*. São Paulo: Instituto Paulo Montenegro/Ação Educativa, 2005.

JANNUZZI, G. M. *A luta pela educação do deficiente mental no Brasil*. São Paulo: Cortez/Autores Associados, 1985.

_____. *A educação do deficiente no Brasil*: dos primórdios ao início do século XXI. 2. ed. Campinas: Autores Associados, 2006.

JESUS, D. M. Formação continuada: constituindo um diálogo entre teoria, prática, pesquisa e educação inclusiva. In: JESUS, D. M., BAPTISTA, C. R. VICTOR, S. L. *Pesquisa em educação especial*: mapeando produções. Vitoria: Edufes, 2006. p. 203-218.

KASSAR, M. C. M.; ARRUDA, E. E.; BENATTI, M. M. S. Políticas de Inclusão: o verso e o reverso de discursos e práticas. In: JESUS, D. M et al. *Inclusão*: práticas pedagógicas e trajetórias de pesquisa. Porto Alegre: Editora Mediação, s/d. p. 21-31.

LAPLANE, A. F. Notas para uma análise dos discursos sobre inclusão escolar. In: _____; GÓES, M. C. (Orgs.). *Políticas e práticas de educação inclusiva*. Campinas: Autores Associados, 2004. p. 5-20.

_____. Uma análise das condições para a implementação de políticas de educação inclusiva no Brasil e na Inglaterra. *Educação & Sociedade*, Campinas, v. 27. n. 96, p. 689-715, out. 2006.

_____. Contribuições para o debate sobre a política de inclusão. In: LODI, A. C. B.; HARISSON, K. M. P.; CAMPOS, S. R. L. (Orgs.). *Leitura e escrita no contexto da diversidade*. Porto Alegre: Editora Mediação, 2010. p. 27-32.

LAPLANE, A. L. F.; PRIETO, R. G. *Inclusão, diversidade e igualdade na Conae*: perspectivas para o novo plano nacional de educação. *Educação & Sociedade*, Campinas, v. 31, n. 112, p. 919-938, jul./set. 2010.

LOPES, D. M. C. *Brincos, linguagem, brincadeira e educação de crianças*. Publicação do Núcleo Educacional Infantil, UFRN, 2011. [No prelo.]

MAZZOTTA, M. J. da S. *Fundamentos da educação especial*. São Paulo: Pioneira, 1982.

MENDES, E. G. A radicalização do debate sobre inclusão escolar no Brasil. *Revista Brasileira de Educação*, v. 11, n. 33, p. 387-405, set./dez. 2006.

MICHELS, M. H. Paradoxos na formação de professores paraa educação especial: o currículo como expressão do modelo médico-psicológico. *Revista Brasileira Educação Especial*, Marília, v. 11, n. 2, p. 255-272, maio/ago. 2005.

ORGANIZAÇÃO MUNDIAL DA SAÚDE. Classificação Internacional de Funcionalidade (CIF). Incapacidade e Saúde. Trad. do Centro Colaborador da Organização Mundial da Saúde para a Família de Classificações Internacionais. São Paulo: Edusp, 2003.

_____. Classificação Internacional das Deficiencias. Incapacidades e Desvantagens (handicaps): um manual de classificação das consequências das doenças. Lisboa, 1989.

PIMENTA, S. G. (Org.). *Pedagogia e pedagogos*: caminhos e perspectivas. São Paulo: Cortez, 2002.

PINO, A. *A criança e seu meio*: contribuição de Vigotski ao desenvolvimento da criança e à sua educação. *Psicologia USP*, Dossiê Vigotski, São Paulo, v. 21, n. 4, 2010.

PRIETO, R. G. Atendimento escolar de alunos com necessidades educacionais especiais: um olhar sobre as políticas públicas de educação no Brasil. In: ARANTES. A. V. (Org.). *Inclusão escolar.* São Paulo: Summus, 2006. p. 56-68.

_____. Atendimento escolar de alunos com necessidades educacionais especiais: indicadores para análise de políticas públicas. *Revista Unidme*, Rio de Janeiro, ano 3, n. 1, p. 5-14, 1º sem. 2002.

QUIRÓS, J. B.; GUELER, F. S. *La comunicación humana y su patologia*. Buenos Aires, 1966. (Série de Centro Médico de Investigaciones Foniátricas e Audiológicas.)

SÃO PAULO (Estado). Secretaria Estadual de Educação — SEE. *Orientações curriculares do Estado de São Paulo*: língua portuguesa e matemática — Ciclo I. São Paulo: FDE, 2008.

SAVIANI, D. Formação de professores: aspectos históricos e teóricos do problema no contexto brasileiro. *Revista Brasileira de Educação*, v. 14, n. 40, jan./abr. 2009.

SILVA, L. M. da. *A negação da diferença:* um estudo sobre as interações de alunos com deficiência visual na escola. Tese (Doutorado) — PUC, São Paulo, 2004.

SOARES. M. A. L. *A educação do surdo no Brasil*. 2. ed. Campinas: Autores Associados, 2006.

SOARES. M. A. L. *O apoio na sala de recursos interfere no desempenho do aluno surdo?* In: SIMPÓSIO INTERNACIONAL BRASIL-EUROPA EXPERIÊNCIAS DE EDUCAÇÃO INCLUSIVA. Uberlândia, UFU, 2005.

SMOLKA, A. L. B. O (im)próprio e o (im)pertinente na apropriação das práticas sociais. In: *Cadernos Cedes*, Relações de ensino: análises na perspectiva histórico-cultural. Campinas, n. 50, p. 26-40, 2000.

SOUSA, Sandra Maria Zákia Lian; PRIETO, Rosângela Gavioli. A educação especial. In: OLIVEIRA, Romualdo Portela de; ADRIÃO, Theresa (Orgs.). *Organização do ensino no Brasil.* São Paulo: Xamã, 2002.

VYGOTSKY, L. S. Manuscritos de 1929. In: _____. O Manuscrito de 1929: temas sobre a constituição cultural do homem. *Educação & Sociedade*, Campinas, n. 71, p. 21-44, 2000.

_____. Quarta aula: a questão do meio na pedologia. *Psicologia USP*, Dossiê Vygotski, São Paulo, v. 21, n. 4, p. 681-701, 2010.

_____. *Fundamentos de defectologia.* Havana: Editorial Pueblo/Educación, 1989.